33

新知
文库

XINZHI

The Spy in the
Coffee Machine:
The End of Privacy
as We Know It

Copyright ©Kieron O'Hara and Nigel Shadbolt, 2008
Copyright licensed by Oneworld Publications
arranged with Andrew Nurnberg Associates International Limited

咖啡机中的间谍

个人隐私的终结

[英]吉隆·奥哈拉 奈杰尔·沙德博尔特 著

毕小青 译

生活·讀書·新知 三联书店

Simplified Chinese Copyright © 2011 by SDX Joint Publishing Company
All Rights Reserved.

本作品中文简体版权由生活·读书·新知三联书店所有。
未经许可，不得翻印。

图书在版编目（CIP）数据

咖啡机中的间谍：个人隐私的终结／(英)奥哈拉，沙德博尔特著；毕小青译．
—北京：生活·读书·新知三联书店，2011.12（2018.12重印）
（新知文库）
ISBN 978-7-108-03831-9

Ⅰ.①咖⋯ Ⅱ.①奥⋯②沙⋯③毕⋯ Ⅲ.①隐私-人身权-研究
Ⅳ.① D913.04

中国版本图书馆 CIP 数据核字（2011）第 215251 号

责任编辑	徐国强
封扉设计	陆智昌　朴　实
责任印制	徐　方
责任校对	何　敏

出版发行　生活·讀書·新知三联书店
　　　　　（北京市东城区美术馆东街22号 100010）

网　　址	www.sdxjpc.com
图　　字	01-2010-5133
经　　销	新华书店
印　　刷	河北鹏润印刷有限公司
版　　次	2011年12月北京第1版
	2018年12月北京第5次印刷
开　　本	635毫米×965毫米 1/16 印张 14
字　　数	164千字
印　　数	15,001-18,000 册
定　　价	28.00元

（印装查询：01064002715；邮购查询：01084010542）

新知文库

出版说明

在今天三联书店的前身——生活书店、读书出版社和新知书店的出版史上，介绍新知识和新观念的图书曾占有很大比重。熟悉三联的读者也都会记得，20世纪80年代后期，我们曾以"新知文库"的名义，出版过一批译介西方现代人文社会科学知识的图书。今年是生活·读书·新知三联书店恢复独立建制20周年，我们再次推出"新知文库"，正是为了接续这一传统。

近半个世纪以来，无论在自然科学方面，还是在人文社会科学方面，知识都在以前所未有的速度更新。涉及自然环境、社会文化等领域的新发现、新探索和新成果层出不穷，并以同样前所未有的深度和广度影响人类的社会和生活。了解这种知识成果的内容，思考其与我们生活的关系，固然是明了社会变迁趋势的必需，但更为重要的，乃是通过知识演进的背景和过程，领悟和体会隐藏其中的理性精神和科学规律。

"新知文库"拟选编一些介绍人文社会科学和自然科学新知识及其如何被发现和传播的图书，陆续出版。希望读者能在愉悦的阅读中获取新知，开阔视野，启迪思维，激发好奇心和想象力。

生活·读书·新知 三联书店
2006年3月

目 录

前言　1

第一章　正在消失的身体　1
　　个案研究：从现金到电子货币　22

第二章　监视社会　24
　　个案研究：英国的身份证　37

第三章　计算机安全遭遇人类愚蠢：隐私增强技术及其局限性　45
　　个案研究：有关隐私管理的各种理论　67

第四章　蛮力的力量：摩尔定律与实践隐匿性　75
　　个案研究：科学、犯罪与数据　92

第五章　问题在于链接，蠢货：因特网、万维网和私人化空间　100

第六章　一个人最好的朋友是他的博客：Web 2.0　127
　　个案研究：数据库"混搭"　140

第七章　他们通过窥探征服世界：
　　　　审查、决定权隐私和意识形态隐私　144
　　个案研究："下对上的监视"　162

第八章　智能微粒与混合现实：泛在计算技术　168
　　个案研究：电子标签　184

第九章　大家准备好，这里是圆形监狱　192

前　言

　　社会与技术之间有着非常复杂的关系，它们可以互相给对方带来难以预料的影响。我们这些技术人员往往会为以后几年内**将会**或者可能会出现什么样的技术而争论得面红耳赤。这是我们最喜欢讨论的一个话题。但是人们究竟想要什么样的技术？哪些技术会在社会中找到其立足之地？哪些技术会改变社会的面貌？这些都是非常难以回答的问题。正确的答案会带来巨额财富；而错误的估计会使一个企业倒闭，或使一个人名声扫地。技术领域存在着巨大的潜力，但是并不是每一项技术发明都可以决定我们的未来。

　　人们需要理解社会与技术之间的相互影响，而这一需求催生了一个新的学科：Web 科学。Web 实际上是决定不同的计算机之间如何交流的一系列协议，但是这些协议对现实世界有着巨大的影响。而这些影响反过来又会导致对新协议和新技术的需求。最近南安普顿大学和麻省理工学院合作开展了一个"Web 科学研究项目"，其目的就是为我们研究这些发展周期提供智力工具。本书就是该项目的一个部分。

技术人员**应该**对以下两点有充分的信心：第一，只要某一项技术有足够长的历史（时至今日，电子计算机的确已经有了相当长的历史——我们中间的一位最近就荣幸地被推举为已有50年历史的英国计算机学会的主席），我们就能够预料这一技术的大致发展趋势。第二，在了解了一种技术的发展趋势之后，我们就可以知道哪些社会规范或观点会受到这种技术的威胁。如果一项技术足够广泛，并且在将来会越来越广泛，那么它就可能会推翻某些文化或政治假定。

我们所要提出的论点就是：在迅速扩散的信息技术面前，自从启蒙运动以来就一直是自由主义理想的一个主要支柱的隐私权，作为一个社会规范已经变得有些过时了。有关一个人的信息可以轻而易举地被存储、搜索和传递，并且这一过程越来越难以为信息的主体所控制。

这毫无疑问意味着政治上的反思，但是我们并不是说，人类社会将陷入科幻小说《一九八四年》中所描述的那种噩梦式的状况。只有最糟糕的文化决定论者才会认为社会、政治和哲学不可能适应技术的发展，并且只有彻头彻尾的悲观主义者才会认为新的技术无法为受过良好教育、具有充分警觉性的人类社会所驾驭。

有一点可以肯定，那就是20世纪有关私人空间的理想需要发展，并且如果我们真的珍惜自己的隐私的话，那么我们就必须为保护它而发挥更为积极的作用。威胁隐私的技术也可以被用来保护隐私，而在这方面人们的意识是一个重要的因素。教育和公共精神（在有些方面，隐私所保护的社会利益甚至超过了个人利益，因此有时保护隐私是利他主义和社会责任的表现）是关键。我们必须像抵制困扰我们的政治对话的那些幼稚的阴谋论一样，抵制像"如果你没有什么需要隐瞒，那你也没有什么需要害怕"这类愚蠢的论调。

我们需要辩论，但是为了使我们的辩论有价值，我们必须大大提高我们对于正在整个社会中扩散的这些技术的意识。本书就是在这方面的一个小小的贡献。

我们所考察的领域非常广泛，并且我们的研究得益于许多人的帮助。由于篇幅所限，我们不可能在这里列举所有为本书做出贡献的人。但是我们在此要特别感谢以下人员：温迪·霍尔（Wendy Hall）、布莱恩·柯林斯（Brian Collins）、蒂姆·伯纳斯—李（Tim Berners-Lee）、汤姆·伊鲁伯（Tom Ilube）、彼得·布拉姆霍尔（Peter Bramhall）、弗雷德·派珀（Fred Piper）、肯尼·帕特森（Kenny Paterson）、英国工程和自然科学研究委员会"终生记录"网络成员、科学与技术总署"网络信任和犯罪预防"远见项目成员和信息保障咨询委员会和国防科技实验室成员，以及由什里弗纳姆皇家科学军事学院和伯恩茅斯媒体学院共同举办的"惠普信息安全研讨会"的与会者。我们还要（一如既往地）对同一世界出版公司（Oneworld）的苏珊·戴维斯（Susan Davies）和玛莎·菲利翁（Marsha Filion）表示衷心的感谢。

最后，冒着以我们的私人生活侵占公共空间的风险，本书作者吉隆·奥哈拉要对允许他在家中堆满各种书籍的丽贝卡·休斯（Rebecca Hughes）表示由衷的感谢，而奈杰尔·沙德博尔特则要感谢一直不离不弃地陪伴在他身边的贝弗莉·桑德斯（Beverly Saunders）。

第一章
正在消失的身体

因为多有智慧,就多有愁烦;

加增知识的,就加增忧伤。

——《圣经·传道书》第 1 章第 18 节

身体正在消失

有一首诗中写道:"昨天在楼梯上,我遇到了一个不在那里的人。"这本来是一句开玩笑的话。该诗的作者[既然你问的话,那就告诉你吧,他叫休斯·默恩斯(Hughes Mearns)]当时并没有指望这句话能够预言未来所发生的事情。但是事实上它的确具有先见之明。

在这首诗发表一个世纪之后的今天,我们**每时每刻**都会遇到不在我们身边的人。在过去,如果我们要认识一个人的话,那么我们必须和他面对面地站在一起,与他握手,并看到他的面孔。信任是建立在人与人之间的直接了解之上的。[1]然而,这一切都受到了复杂的社会需求以及一系列新技术的挑战。

在社会学家们所称的"身体消失"过程中,面对面接触的重要性日益降低。我们可以通过电话、电子邮件、信件或手机短信进行交流;我们这个社会中人与人接触的许多方式越来越受到技术的影响。我们日益频繁地通过我们自己的技术替身进行互动。

默恩斯的那首诗中还有以下这句耐人寻味的话："今天他又不在那里。"那个不在那里的人又一次在那里出现了。但是那个诗中的叙述者怎么能够知道今天不在那里的那个人与昨天不在那里的那个人是**同一个人**呢？这是一个荒谬的问题吗？也许并不是。如果诗中叙述者所遇到的那个人昨天和今天都**在**那里的话，那么他只需要简单地回忆一下就可以确认今天的那个人是否与昨天的那个人是同一个人了。当然他仍然有可能被愚弄：他今天所见到的那个人可能是昨天所见到的那个人的双胞胎兄弟，或者是别人所伪装的。但是辨别真假的程序很简单：即确定面孔、声音和举止是否相同。在过去数百万年中，我们的大脑一直在为此目的而进化。我们的社会也为我们与不熟悉的人打交道而提供了各种辅助手段——签名、印章和口令。

但是对于"不在那里的人"来说，以上这些标准的"普适"手段都失去了作用。因此这些神秘的"隐身人"必须通过某些技术手段为自己创造一个"化身"，以便能够相互交往。"隐身人"必定会留下一些使别人找到他们的痕迹，而这些痕迹又是可以进行比较的。如果我们连续两次在楼梯上遇到一个不在那里的人，我们可以问他一些诸如他母亲的娘家姓的问题，或者要求他提供电子签名，或让他键入电子口令或个人识别号码。

充足的证据

这导致了一种奇怪的自相矛盾的现象：一方面，你亲自到某个地方去了一趟之后不会留下多少能够证明你去过那里的迹象。你在一个关着门窗的房间中和另一个人握手之后，除了记忆之外不会留下任何痕迹。而另一方面，信息则可以被长久保留下来。

如果你在和某个人会面的情况被通过某种方法——如通过窃听、闭路电视监控探头，甚至通过 DNA 检测——转化为某种信息的话，那么在此之后就有可能证明这一会面的确发生过。尽管如此，这些保留信息的方法是属于会面之外的**额外**程序，并且从原则上说是可以被当事人所避免的。但是"不在那里的人"必须出示某种切实的信息，以向他人证明其身份——而这一信息将成为半永久性的证据。随着身体的消失，痕迹将见证会面。可以说，没有信息就没有会面。

每当出现一项使人们不用面对面而能够进行交流的新技术的时候，就需要创造一种新的抽象证明手段。它可以是一个电子邮件日志、一个非语言交流的电子记录、一份信用证书等等。但是这种抽象的东西必须具有使人们能够赖以进行相互交往的具体的形式。随着身体在交往过程中的消失，我们留下越来越多的信息。因此我们很难隐瞒我们的所作所为。这种技术可以增进我们当下的隐私（我们不用面对面地与他人交往），但是却对我们过去的隐私构成了威胁。

有许多技术都直接影响到了隐私的价值、功能和可行性。在一个完全靠口头语言传递信息的文化中，如果你要想偷听别人的谈话，就必须同时具备两个条件：首先你必须待在能够听到别人谈话的地方，其次你还不能被谈话人所发现。某些类型的行为只有在可以保护隐私的恰当空间中才可能以私密的方式完成。即使是诸如书写、墙壁和玻璃窗等非常简单的技术，也会影响私密空间；其中一些可以保护隐私，而另一些则会破坏隐私。

学术界和法律界只是在轻便照相机出现之后才真正开始关注隐私问题。[2] 随着这些照相机的发明，一个人可能在大街上——即公共场合——散步的时候被别人偷拍,并且被偷拍的照片很可能被用新的印刷技术印刷在报刊上。虽然在相关技术出现之前这种事情还不会发生在私人空间,但是人们已经强烈地预感到他们的私人空间已经缩小。在19世纪这被认为是一个新出现的严重问题。如今只有那些不幸成为八卦小报关注对象的人才会对此感到担心。我们对照相机的拍摄或闭路电视监控系统的监视已经习以为常,并且很可能会对自己的行为做出相应的调整。如果我们认为自己的所作所为会被别人看到的话,那么我们就不大可能在街上吐痰、抠鼻孔或小便(但是只要在视频共享网站YouTube上随便查找一下,我们就会发现许多人的反常和值得注意的行为都被别人偷拍并永久地保存了下来)。而闭路电视监控系统的目的就是要减少施暴或盗窃等,如果不想被抓住的话,就必须在隐秘的地方实施的犯罪。

本书将探讨新的数字技术对我们的隐私所产生的影响。毫无疑问,这些技术可能会严重侵害我们的隐私。我们很难对这一问题得出一个一般化的结论——我们必须在个案中对这些技术的得失进行平衡考虑,而不能先入为主。有时这些技术给社会所带来的利益大于它们对个人所造成的损失;有时个人从中所获得的利益足以抵消其在隐私方面所做出的牺牲;有时对隐私的侵犯会对社会造成损失,但是却会给政府和公司带来利益;这些技术很少会带来灾难性的后果,而其代价和好处则因人因地而异。几乎所有国家的政府都会滥用某些数据,但却会明智地使用另一些数据。作为个人,我们都应该根据我们所在的国家的情况采取各种保护我们隐私的防范措施。因此在美国、法国、伊朗、中国、俄罗斯和朝鲜这些国家中,个人保护隐私的需求是不同的。不同的政府在与其公民打交道的过程中有着不同的目标、意识形态、信条和顾虑。

成本与收益是传统隐私问题的核心——允许对个人私生活加以干涉会带来很多确切的好处，但是也会带来一些不确切的隐忧。我们作为普通的人很难在确切的好处和不确切的代价之间做出平衡。在邪恶的独裁政府统治的国家中，人们很清楚政府会如何滥用他们的个人信息，因而会采取相应的防范措施。但是在资本主义民主国家中，人们则难以判断他们的个人信息在将来会被如何使用。使用这些信息的益处是大家都能够看得到的；而人们因此将要付出的代价则不是那么显而易见。这就是为什么当我们的隐私受到威胁的时候我们却往往不加防范。

很少有立法能够解决我们的在线（online）问题。法律的目的在于约束那些技术专家。但是技术专家同样也可以通过其专业技能限制律师和立法者所能够取得的目标。这一快速演化和不稳定的形势影响着我们对隐私这一问题本身的理解。

在网络空间中应用明显易于理解的政治原则，实际上要比我们想象得要难得多。我们往往会不得不对我们所从未预料到的结果，或在过去似乎从来没有引起过争议，甚至毫不相干的原则做出评判。[3]自由言论权利的边界在哪里？我们是否拥有在美国通过网络向在中国的人发表演讲的不可剥夺的权利？人们获得社会公正待遇的权利是否会因为缺乏计算机知识或培训而无法实现？一个社会在多大程度上负有普及计算机知识的义务？如果那些对新技术患有恐惧症的人不希望生活在信息社会之中，那么他们的这一愿望具有多大的合理性？如果一个人未经许可地将他人的某些照片举在手中让几十个人观看，而另一个人则未经许可地将他人照片上传到一个有着数千甚至数万访问量的网站上，那么在这两个人的行为之间是否有本质的区别呢？

由于技术的发展，一些重要的原则问题从不知道什么地方突然冒了出来。我们不得不在新的环境中对已有的原则做出全新的解释，或者确立新的原则。谷歌负责全球大约一半的网络搜索；如果一个网页被谷歌排在其网页排名的后面的话，那么它的访问量就会大大减少。那么谷歌在确保平等对待方面负有哪些责任呢？谷歌的"网页排名算法"是通过分析网页链接矩阵的特征向量计算网页排名的。那么这种算法在设计上是否违反了某些公平对待原则呢？有没有哪个道德哲学家曾经对特征向量分析的正当性提出过质疑呢？（我们的估计是：肯定没有。）谷歌需要采取什么措施来确保其网页排名不被人以不正当手段操纵呢？在许多领域都会存在一些推荐机制。它们都会对被推荐者产生某种影响。但是谷歌对于网络的重要性远远超过了其他推荐机制对于其相关的空间和活动的重要性。

隐私属于私人利益还是公共利益？如果一个人通过将自己的私生活完全在博客上公开等方式放弃其隐私权，那么他的行为是一个自主的个人的自由选择还是对一项重要原则的背弃？为了确保个人身份和人格不受侵犯的原则不被动摇，我们是否有义务不透露自己的私人信息？我们是否应该尽量避免使用信用卡，参加忠实旅客奖励计划，或访问电子政务网站？所有这些都构成与我们相关的事务的半永久性的记录。

对于以上问题的回答无所谓对错。我们只能说，网络科学是一个跨领域学科。只有在法学家、技术专家、社会学家、警察和安全专家以及哲学家共同努力下，我们才能够揭示和理解这个我们自己正在创建的新世界。各种原则所导致的结果是判断其恰当性的重要依据。而这些原则在网络空间和现实空间中的应用可能会导致非常不同的结果。我们也许有必要对这些原则进行反思——尽管它们的基本前提并没有改变。

世界上出现的是什么？

隐私往往会与我们认为重要的其他价值发生冲突。那些可能侵犯我们隐私的信息却可以提高效率。例如，在许多大城市中，尤其是在人口密集的欧洲和亚洲的大城市中，交通拥堵是一个造成巨大经济损失的主要问题。这一问题还随时威胁着人们的生命：这种威胁不仅来自空转的发动机所排放出的尾气，而且还来自急救人员在路途上的耽搁。知道每辆汽车在什么地方对于交通控制来说显然非常重要，而在这方面技术又起着重要的作用。这并不是科学幻想——在2006年欧洲议会的一个委员会建议采用车内电子呼叫系统。它能够记录交通事故并确定最近的急救车的位置。他们声称这一系统每年能够挽救2500条生命。[4]一家名为IntelliOne的美国公司研制出一种交通监视系统。它每秒钟对车内的移动电话进行两次定位，通过这种方法它能够计算出汽车行驶速度，并进而找出交通拥堵路段，它甚至还能够区分交通拥堵和由红灯所导致的交通停滞。[5]

对于一个组织来说，通过监测员工所下载的网页了解其所需信息是很有用的。与此类似，通过关键词监测员工电子邮件也是很有用的。通过这种方法可以将特定的问题送到最适合解决这一问题的人那里。但是我们真的希望我们的老板知道我们正在看什么东西，并查看我们交谈的内容吗？

（出于各种目的）通过电子标签追踪技术了解动物、儿童、财产或犯人行踪的做法如今越来越流行。但是对于遵纪守法的人来说，这一做法会侵犯他们的隐私。出去遛一趟狗，带着孩子外出游玩，甚至搬动带有电子标签的财产都会使某个数据库了解到你的行踪。对罪犯使用电子标签是为了防止他们违反宵禁或假释条件。这些都是很好的措施，只是有时犯人也可能会出于某个合法但是隐私的目的而到某个地方去。有关一个人因为犯下了某种罪行就必须丧失其所有隐私权的假定过于严厉，并在大多数司法制度中都是缺乏正当性的。

这些措施所涉及的信息可能平淡无奇的，但是它们在特定的环境中落入某些不应该获得这些信息的人的手中就会变成很有用的东西。而人们很难事先预料到某些信息会对自己的隐私构成威胁。

我们家里的许多日用物品中被嵌入了许多微小的、相对笨拙的、功能较弱的计算装置。但是这些小装置如果被连接在一起就可以从事具有令人吃惊的智能和灵活性的行为。例如，它们可以减少我们的取暖费用和对环境的破坏，或者以智能的方式分配资源，以节省开支；你的闹钟在铃响前5分钟会给你的电水壶发送一个信号，让它开始烧水。与此同时，你的马桶坐圈和毛巾架开始自动加热。当淋浴系统被启动的时候，烤面包机也开始工作。咖啡机在探测到咖啡流出来之后就会向汽车引擎发送信号。在车中，当你系上安全带的时候，系统就会向车库门发送信号，让它开启。在车库门打开之后，中央取暖系统就会自动关闭。在这一系列装置中的每一个所做的只不过是简单地检测其自身的使用情况，然后给其他装置发送一些基本的信号。但是这些简单的装置组合在一起就构成了一个智能的家居管理系统。

很可能没有人需要这样一个智能家居系统，但是以上这个例子所要说明的是：在你家中的许多日用物品都可以发出各种信息；这些信息可以被监控，从而使外人了解到你家中所发生的事情。人们在自己的家中活动通常不会留下太多的痕迹。那些想要窥探别人家中情况的人往往只能借助于诸如翻看垃圾桶等相对原始的手段。但是一台咖啡机如果能够向其他家用电器发送有关其本身使用情况的信号，它就有可能被窥探者用来了解你家在某一天煮了几杯咖啡。当这一有关你家庭生活的细节被与其他细节联系在一起的时候就可以非常准确地揭示你家中所发生的情况。因此你的咖啡机可能会被用作监视你的工具。

计算装置变得越来越小，并且可以用许多令人感兴趣的材料制造或者被装进这些材料之中。在这方面的可能性是无穷无尽的，而其中潜在的危险也是无穷无尽的。例如，电子纺织品——又称"可洗式计算装置"——具有许多非常吸引人的功能。这些纺织品可以监测各种生命体征，发热或开启各种功能，其中有些是可笑的，如不断变换颜色的衣服；有些则是非常有用的，如可以给手机充电的夹克。Textronic 公司所生产的"特克斯簇高分子聚合物纤维布"中的纤维在变形和拉伸的时候会改变其阻力，因此可以探测压力。[6]这是一个非常有用的功能。但是想象一下：如果你家床上的床单可以探测出床上躺着几个人，并且将此信息发送给外人，那将是多么可怕的事情。

这些装置能够收集许多重要的、令人感兴趣的和真正有用的信息，因此它们的种类将会不断增加。但是随之而来的是潜在危险的增加。未来的密探将不再是拿着望远镜和远距镜头照相机的邋遢男人。未来的密探将是咖啡机、床单和衣服。

并且我们不能想当然地认为我们能够事先发现这些潜在的危险。如果一项技术能够在短期内为我们带来很大的好处的话，我们一般不会对它提出太多的质疑。让我们假设以下这样一种情况：政府要求所有的人都随身携带一种电子装置——这种装置会随时将有关我们行踪的数据发送给一个中央数据库并永久地保存在那里，而警察可以在几乎不受监督的情况下使用这些数据。在这种情况下，我们中的大多数人肯定都会提出强烈的抗议。但在现实生活中我们中的大多数人都自愿地随时携带着这种装置——那就是我们的移动电话。我们一般都认为这种东西的好处大于我们为它所付出的代价——也许的确如此，但这仅仅是运气而已。社会并没有就如何防范这些装置被滥用的问题开展广泛的讨论。我们就像梦游一样走进了危险地区。

坏蛋和保姆：真实世界中的犯罪与监视

如果说以上所举出的这些例子还仅仅是假想的，那么在现实生活中有没有数字技术对隐私构成明显威胁的具体例子呢？以下我们就给出两个有关计算机系统对我们日益萎缩的隐私空间构成新的威胁的例子。其中一个构成了很明显的威胁，而另一个所构成的威胁则并不是那么显而易见。这两个例子都是于2005年末从一个大众化报纸上随机挑选出来的。

第一个例子涉及盗用身份的行为。讨论这一问题的文章的副标题为"《隐私法》在遭到整整一年的严重违反之后终于在美国得到越来越多的支持。"[7]它一开始就列举出了在工业革命和如今由信息技术所推动的发展之间的许多令人不安的相似之处。

在工业化时代，各种工厂排放出大量的烟雾和工业废料，使我们的环境受到污染；在信息时代，各种公司所泄露的数据也会对公众造成伤害。在工业污染的问题上，政治家们，甚至工业家们，最终都达成共识，认为需要制定法律法规来规制工厂的行为。而如今，在美国的隐私领域也正面临着类似的情况。

早在2002年身份盗用就在美国造成了500亿美元的损失。这一问题在很多年前就已对社会造成了明显的威胁。在具有更为谨慎的政治—法律文化背景的欧盟，人们在传统上就对这个问题采取了更为严肃的态度。事实上，1998年欧盟所实施的一项被美国认为过于苛刻的隐私保护指令几乎在美国和欧盟之间导致了一场贸易战。这一指令要求公司允许其顾客更改公司数据库中有关他们自己的错误数据。但是如今美国企业界也认同了欧盟的观点。

那么是什么改变他们的观点呢？是他们发现了这一问题的影响规模之大，但即使这一发现也是出于某种意外。比美国大多数州都更为自由化、感情更脆弱的加利福尼亚州率先通过了一项隐私法，要求公司在发现其所掌握的个人隐私被泄露之后通知相关个人。在此之前，受到黑客攻击的公司不需要向任何人，甚至不用向受害者或执法部门报告数据被泄露的情况。反对这一措施的人抱怨说，这一措施会使投资环境恶化，导致企业逃往其他州。事实上这个法律开始发挥作用了。

2005年2月，美国一家拥有190亿个记录的名为"选择点"（ChoicePoint）的大型数据收集机构承认自己的数据被泄露。它向145 000个人发出通知并告诉他们，它无意中将他们的个人数据，包括社会保险号码（对于美国政府来说是最基本的个人身份识别号码）透露给了一些诈骗分子。即便在这个案件中，该机构还是在发现了该问题之后等了五个月才将此事通知受到影响的人。其中有750人已经发现诈骗行为。[8]就在这个月的晚些时候，美国银行承认它丢失了一些数据磁带，上面载有包括一些参议员在内的大约一百万政府雇员的个人信息（但是这至少是一个意外事件，而没有涉及诈骗）。[9]在当年的6月份又爆出了4千万信用卡账号信息被盗的惊人消息。[10]难怪到了2005年年底，连许多企业本身都在央求国会制定一项联邦隐私法了。

许多公司定期收集超出它们需要的信息，在未经加密，甚至没有口令保护的情况下毫无必要地将其保存很长时间。数据安全措施并不能解决这一问题——数据安全当然是必要，但它是不充分的。正如隐私专家查尔斯·拉布（Charles Rabb）所指出的：

> ……对于一位具有隐私保护意识的个人说，得知以下这一消息并不能使他感到安心：有关他自己的不正确的、过时的、过分的和不相干的数据被加密并存储在受到黑客无法进入的防火墙保护的数据库中，并且只有经授权的机构（如正在审核她的申请材料的信用机构）才能够获得这些数据。[11]

这些数据对于违法分子来说具有巨大的诱惑力。除了这些数据本身就具有的潜在价值（这也就是为什么这些公司会保留这些数据），它们还有其他一些用途。很明显，有关信用卡或银行账户的信息可以被用来从账户中窃取存款。

更为可怕的是，这些数据还有一个额外而且重要的用途，那就是确认账户主人的身份。身份确认系统需要在一个人的特征中挑选那些其他人很难假冒的方面。在身份盗用案中，窃贼提取了受害者足够的保密信息，使他可以能够冒充受害者而不被别人识破。然后这种窃贼就可以通过冒充别人而从事各种非法或可疑的行为。这种犯罪行为是"身体消失"这一现象的不可避免的一个后果，并且也因为这种现象而变得更加容易。这种非法行为可能并不会对受害人造成直接伤害。例如，一个洗钱者可能用受害者的名字在银行开一个账户，将其非法所得存入该账户中，然后以一种难以追踪的形式将钱取出。从技术上说，这种诈骗行为实际上会使受害者变得更为富有——至少暂时如此。

身份被盗用是一个令人担忧的现象。因为出问题的是受害者的身份，因此这种盗用相对来说难以证明。另外，这种犯罪可能会在发生之后一段时间内都没有被任何人察觉。即使像盗用信用卡这种简单的犯罪也可能只有在窃贼在盗用时超出了信用额度，或者在几个星期之后受害者收到信用卡账单之后才会被发现。而到了那个时候受害者或者银行可能已经损失了一大笔钱。最后，身份窃贼的行为可能会使受害者的信誉受到严重损害。他们可能会被银行列入信用黑名单中，甚至被列入联邦调查局的通缉犯名单之中，而他们本人却很难了解这些情况。一个有着不良信用记录的人可能需要很多年才能够恢复其良好的信用。而那些被误认为是恐怖分子的人可能在很长时间内都对此一无所知——直到有一天他们在肯尼迪国际机场突然被一群荷枪实弹的特警所包围。在反恐战争时期，执法程序和人身保护法都在快速发生着变化。结果这些人很可能会因为无法证明自己的清白而在监狱中被关上好几个星期，甚至好几年。他们所面临的问题并不是证明自己是什么人，而是要证明有另一个人曾经冒充自己的身份行事，而证明这一点则要难得多。

身份被盗用是很多人所担心的事情。这一现象很好地证明了当私人信息落入坏人之手之后将会发生什么。在以上这个例子中，对隐私的侵犯只不过是为了达到某种犯罪目的而采取的一种手段。窃贼的主要目的不是获得隐私，而是窃取钱财、洗钱、诈骗、伪装、非法移民、进行恐怖活动等等。但是以下这个新闻报道中揭示了第二种情况，那就是侵犯隐私本身就是目的。

日本正面临着日益严重的老龄化问题。它试图通过技术手段解决这一人口构成变化所带来的问题。[12]该国目前的人口平均寿命为82岁，并且正在以每十年2.5岁的速度增长，而其出生率则是属于全世界最低的一个国家。加之日本又是一个不欢迎移民的国家。因此在不远的将来这个国家将会有太多的老年人，而没有足够的中青年人来照顾他们。一点也不值得奇怪的是，日本解决这个问题的方法就是利用各种令人称奇的新技术产品来减轻人们照料老人的负担。《经济学家》杂志为我们介绍了一些这种产品，而其中的三个尤其令人感兴趣。

日本的 Synclayer 公司研发出的一个系统可以让老年人自己监测其血压、体温等生命体征，并定期将相关数据发送到公共医疗卫生服务部门，以供其自动监测。任何危险的征兆都会得到立即处理。Synclayer 所研发的另一个系统包括一个能够探测诸如冰箱门开启等特定动作的传感器。每当一位老年人打开冰箱门的时候，这个传感器就向当地网络发送一个有关冰箱门打开时间的信息，这一信息被存储在数据库中。老人的亲属或公共卫生部门的工作者可以通过这些数据监测老人的活动，并在老人家中过于安静的情况下前去查看。日本象印公司、NTT DoCoMo 公司和富士通公司开发了一种叫做 iPot 的产品。它是一种电水壶，能够在一整天之内都保证壶中的水是热的，以便使用者随时沏茶或泡制味噌汤（在这里要特别提醒读者，不要将这种小电器当作带有大麻气味的 MP3 播放器[13]）。电水壶在日本十分普及。但是以上提到的这种产品在每次被使用的时候都会通过无线网络向服务器发送信号，并且每天还会向老人的亲属或照顾者所指定的手机或电子邮件发送两次报告。

我们之所以选择《咖啡机中的间谍》作为本书书名，正是基于上文中所描述的、由本书的一位作者在一次应邀演讲中提出来的、有关咖啡机被用作侵犯隐私的工具的假想情况。它在技术上是可行的，但是在现实中不大可能被用来侵犯隐私。然而就在我们向同一世界出版公司提出本书出版建议的时候，一种与我们所描述的这种咖啡机非常相似的产品出现在了市场上。当然 iPot 是针对一个非常严重的问题所提供的一个极具创新精神的解决方法，并且它只有在获得使用这种产品的老年人的同意的情况下才会干涉其隐私。这种产品所收集的信息是出于有利于老年人的目的：如果某位老人由于某种原因而失去活动能力的话，那么相关机构或人员在数小时之内就可以探测到他的家中一直没有动静，并可采取相应的措施。这在有些情况下可以挽救生命。我们绝对没有暗示 Synclayer 或象印公司生产这种产品是出于任何不良的目的。

但是看看这些监视日常活动的那些技术吧：当很小的计算装置或者传感器、无线网络和互联网结合在一起之后就可以将有关我们煮咖啡或开冰箱门等活动的信息即时传送到一个遥远的，也许远在国外的一个服务器上。

我们不能想当然地认为人们可以避免使用这种日常用品。当然，你可以拒绝照顾者在你家中安装 iPot。但是电子设备微型化是如此之有效，以至于你可以被各种各样的人以各种各样的方法监视。例如在英国，能够测量垃圾重量的微电脑芯片被装在了成千上万的垃圾箱上。这些垃圾箱用于暂时存放家庭垃圾，以等待地方政府用垃圾车将其运走。一些地方政府在社区中放置了可以将有关每个家庭处置垃圾习惯的信息发送到一个中央数据库中的垃圾桶。这些垃圾桶的盖子上装有电脑芯片。每次将垃圾桶中的垃圾倒入垃圾车的时候，这些芯片上的信息就会被扫描到数据库中。从理论上说，这种做法的目的是监测垃圾清运工所收集的垃圾量和解决邻里之间可能的垃圾纠纷。但是如果垃圾车也装有称重装置的话（其中有些的确配备有这种装置），那么就可以监测每个家庭所丢弃的垃圾的重量了。[14]

当这个消息传出之后，有人提出了有关公民自由方面的担忧，但是我们必须在这些担忧与监视垃圾处置和改善英国糟糕的垃圾回收状况的公共需要之间找到平衡。公共卫生、环境保护以及预防犯罪和反恐，是采用那些侵扰隐私技术的长期有效的理由。个人很难躲避这种监视。只要你生活在南诺福克或圣海伦斯地区，你就可能受到你自己所使用的垃圾桶的监视。

数字技术的威胁

为什么数字技术特别容易对隐私构成威胁？这主要与信息描述和传输的方式有关。数字化信息可以被长期保存——如果被定期复制备份并且使用最新格式存储的话，它们实际上可以被永久地保存下去；它们的复制简单而又准确；且它们的传输轻而易举；数字化信息的搜索非常便捷迅速；在大型数据库中查找有关一个人的少数几条信息用人工的方法几乎是不可能的，但是使用计算机查找却是非常简单的事情。本身是无害的信息可以被放入全新的语境之中。就当事人而言，他们很难知道自己的隐私在什么情况下受到了侵犯，更难确定谁应该对侵犯行为负责，并且没有一个可以使他们获得补救的中央机构。

与此同时，具有分散结构和巧妙设计的互联网迅速成为人们首选的信息存储库。由于互联网将所有有关你的信息都集中在了一个虚拟的信息库中，因此与传统的数据库相比，它大大地增加了侵犯隐私的危险。别人可以根据互联网上有关你的零星信息构建出你的一个相当全面的形象。出于某种原因，社会学家们更加有资格处理这一问题，因为在互联网上可以看到各种各样的隐秘的行为。据说大多数人都具有在网上公开对自己不利的信息或从事危险行为的倾向。

现在将数字信息与其他更为传统的私人信息传输方法进行一下比较。**纸张**很占体积，并且对它的复制并不总是很准确。有关一个人的全面的信息往往不会被存储在一个实体的文件之中。**人类大脑**

以不可靠而著称，并且存储在大脑中的信息很难传输——在传输之前首先要花费很多时间将记忆中的信息通过某种方式表达出来。因此，即使记忆是准确的，对它的表达也可能是不准确的。**小道消息**很难被压制——它被比喻成希腊神话中长着很多个头的蛇妖海德拉，每当你砍掉它的一个头之后，它就又会长出两个头来。但是这种信息通常是不准确的，当它在人们中间被传播几次之后就更是如此了（但是人们似乎不在乎这种信息是否准确）。另外你也很难从小道消息中获得你所需要的信息——它是由供应方，而不是由需求方所推动的。数字信息的传播则远比以上这些信息传播方法更为有效。

隐　私

细心的读者可能会发现，到目前为止，本书还没有对隐私做出定义——我们讨论了对隐私的威胁和侵扰，但是却没有谈到受到威胁或侵扰的"隐私"到底是什么东西。正如我们在本书下文中所要看到的，隐私是一种非常美好的东西。字典上的定义无法以令我们满意的方式表达这一概念。

有关隐私的通常含义涉及一个人对有关他自己的信息的控制。有关一个人的信息通常会被记录在某个文件之中，如病例或照片。如果一个人享有某种程度的隐私的话，那么他就应该能够限制这种信息的各种表现形式的传播。

当然，有关一个人的信息可能是虚假的、过时的，或者没有得到妥善的保存。有时可能因为一个简单的错误——如名字混淆——使得一个人的所有信息都被误认为是另一个人的信息。信息可以被有意或无意地用来限制某个人的行动自由。有人可能会以披露某个信息为要挟，迫使某人从事某种行为，或者限制其选择的自由。

动物保护主义者向来以披露个人信息来威胁其反对者而著称。[15]在一些文化中，公开一个人的HIV感染者、同性恋者或者私生子身份会给其打上社会耻辱的烙印；在前苏联，一个人的家庭背景或党员身份可以决定其官方地位。[16]政治家们无时无刻地受到有关公开其私人信息的威胁。

但是我们不能以对信息的获得和控制这种简单的表达方式对隐私进行定义。每个人都有私人空间，做出私人的决定，享有思想自由，拥有私人财产——所有这些在网络上也都存在。当照相技术发展到不用煞费苦心地摆姿势就能够拍出清晰照片的时候，一个新的问题出现了：人们——例如公众人物——是否即使在公共场所也有阻止别人未经其许可而对其拍照的权利？一个人不能指望走进公共场所而不被别人看见，但是在公共场所被人拍照或录像则完全是另一回事。在许多文化中，人们并不认为在公共场所就不能有隐私。只有西方人才会坚持以下原则：一旦一个人自愿走进公共场所，就不再存在别人侵犯其隐私的问题。

隐私有不同的形式和各种不同的表现方式。一个人的住宅是实实在在的私人空间，每个人都希望有权决定谁能够进入其住宅。一个人的身体是私人的，人们自然都想要限制别人对自己的身体接触，并且往往还希望避免别人看到自己的身体。许多人都不希望透露有关自己的信息。这有时是出于很实际的原因（如有关自己的银行账号信息），而有时则是出于不是很明确的原因（如有关自己工资的信息）。对于一些人来说，隐私意味着独处；对于另一些人来说，它意味着在难以驾驭的广阔空间中划出一小块自己可以控制的空间；有些人不希望别人干涉其所做出的决定，或者不希望因为自己的某些行为而被追究责任；有些人希望能够自由地与他人交换财产；还有些人则希望颠覆社会而不受惩罚。

我们对界定隐私的第二个担忧就是隐私在价值上并不是中性的。它并不是纯粹的善——尽管在大多数有关隐私的讨论中人们都假定它是的。一些人和一些文化对隐私采取了怀疑的态度。我们中的大多数人都在有些时候寻求隐私，而在另一些时候对它采取回避的态度，而这并不矛盾。总的来说，至少在西方，随着时间的推移，人们对隐私采取了越来越积极的态度。隐私（开始）受到了法律的保护，许多社会发展趋势都使我们享有越来越多的隐私。如生活在同一住宅中的家庭的规模越来越小。但另一方面，许多人正在利用新技术以从前所无法想象的程度将自己的私生活暴露在公众面前。网络摄像头和"老大哥"节目使人们能够几乎毫不受限制地了解一些有暴露癖的人的私生活；我们中很少有人愿意放弃上电视的机会；像杰里·斯普林格（Jerry Springer）等电视主持人就是靠着那些愿意在电视上公开自己家丑的怪人和无耻之徒吃饭的。最近甚至有许多家中死了人的人也愿意在电视节目中诉说其丧失亲人的痛苦。大多数学者虽然执著地坚持对自己未发表的文章所享有的版权，但是却非常希望能够就其研究接受媒体的采访。许多人写日记（最终）就是为了给别人看的。正如爱尔兰作家王尔德所说："在世界上只有一件事比被别人评头论足更为糟糕，那就是没有人对你评头论足。"

这种对公开和隐私所采取的矛盾态度可以追溯到西方文明的奠基时代。柏拉图在《理想国》中设想了这样一个社会：应该将统治阶层的后代从普通的家庭生活中隔离出来，集中起来进行教育。与此同时，亚里士多德在《政治学》中在私领域（即家庭）和公共空间（即城邦，也就是所有公民都有权发表自己意见的民主决策论坛）之间做出了具有现代意义的区分。但是他认为私领域是令人厌倦的，充满了乏味的家政管理，而城邦则是人们所向往的地方。这种对公共空间的偏好被反映在了隐私一词的词源之中。英语中的"私"（private）缘自拉丁文中的"剥夺"（privare）一词。对于古典的思想家来说，"私"意味着被剥夺参与公共活动的权利，而非自愿退出。

我们所面临的与隐私相关的第三个困境就是隐私在不同的情况下可以使不同的人受益。如果你希望你所做的事情不被其他社会成员所知道，那么你就是你的隐私的受益者。而另一方面，如果你希望做一些被大多数人认为是讨厌的事情——如在公共场所小便——的话，那么有人就会告诫你，这种事情只能在私密的场合发生。这种你（被迫接受）的隐私尽管会使你自己合理或不合理的暴露癖欲望受挫，但是却会使社会的其他成员受益（当然，仅仅在两个世纪之前人们还认为观看国王大便是一件很荣幸的事情）。有时隐私是一个某人非常乐意进入的空间；而有时它则是一个为了防止某人犯罪而强迫他进入的空间。礼节会使一些人感到安慰，但却会使另一些人感到沮丧。女权主义思想家抱怨"自家事"的隐私大大方便了丈夫虐待妻子儿童，并且巩固了父权制度。[17]

隐私可以是由集体所享有的。它可能会使某些群体（如家庭）受益，但却不一定会使群体中的每个成员（如被蹂躏的妻子）都受益。一个群体之中的某个成员可能既有隐私，又没有隐私：他或她相对于群体外部来说可能是有隐私的，然而相对于群体中的其他成员来说又是没有隐私的，是可见的和可以得到的。即使在一个私群体中，其成员也会要求得到隐私——许多人即使在典型的私人空间，即他们自己的家中，仍然寻求其隐私不受其他家庭成员的侵扰。

第四点，隐私与其他一些概念非常相似，并且很难对其做出明确区分。例如，在隐私和秘密之间就有着千丝万缕的联系，但是我们却不应该将这两者混为一谈。国家机密是秘密，但不是隐私。一个人的衣服是他私人的，但不是秘密。那些认为隐私意味着不被追究责任的人仅仅希望在不受干扰的情况下自己做出有关婚姻、金钱或者孩子管教等方面的决定——他们并不一定在乎别人是否知道自己的这些决定。从结构上看，在隐私和孤独、放逐、剥夺和孤立之间并没有太多的区别。它们之间的区别在于我们看待这种状态的态度，而不在于某种结构或某个主体与外部的关系。隐私往往包含着选择的含义。一个人可以选择隐私，但是（通常）没有人选择孤独。

由于以上这些原因，我们对于界定隐私非常谨慎，因为要给出这一概念的必要和充分的条件非常困难——我们甚至认为是不可能的，而在技术正在迅速改变着隐私语境的今天则更是如此。本书所关注的重点是21世纪西方民主国家影响隐私的技术，因此它无意对隐私这样一个难以捉摸的概念进行界定。尽管如此，应该指出的是，如果一个概念的定义和性质是与社会实践紧密联系在一起的，那么它就必然会有其社会位置和历史。因此我们必须看到这一概念将会随着语境而改变。

最后需要提醒读者注意的是：很明显，许多人之所以希望保护隐私，是因为他们正在从事非法或其他有害他人的行为。与此类似，许多个人、组织或政府机构会出于利益或政治需要而侵犯隐私。这种违反法律或道德准则的行为是很容易判断的（尽管在实践中很难预防），因此它们不是本书所关注的焦点。隐私问题之所以那么令人关注，是因为它提出了很多难以解决的问题：一些人要保护隐私，而另一些人则要获得信息，而他们各自都有很好的理由。不断发展的技术将改变这两类人之间微妙的平衡。在本书中我们主要讨论如何让那些完全建立在诚信基础上的人际交往获得优先考虑。在大多数人都遵守法律并且具有公德心的情况下，我们如何避免风险，如何在不妖魔化如今所发生的各种非法行为的同时预防将来可能发生的非法行为？

个案研究：从现金到电子货币

数字技术危害我们的隐私的一个最突出的例子就是世界经济领域中从匿名的现金到电子货币的转变。现在越来越多的人在进行大额交易的时候使用银行卡，而便于小额交易的新方法也正在研发过程中。在可预见的将来现金还不大可能消失，但是它的使用将会越来越少。将来我们完全可以过着没有现金的生活，并且随着现金交易费用的升高，将来使用现金可能还要缴纳一定额外的费用。但是这样的话我们就很难进行匿名交易了。仅仅在几十年前，纸币的流通量还很小，以至于我们可以记下其序列号，以便追踪。这种做法在今天已经行不通了，我们所能够做的只是通过序列号将一张纸币追溯到与其同一批次印刷那些纸币那里。如今一旦你将一枚硬币花了出去，那就再也没有什么有形的东西可以将你与这枚硬币联系在一起了。然而电子货币却会留下痕迹。电子交易不可能像现金交易那样完全以匿名的方式进行。

你所参与的几乎所有资源交换都会留下可以被别人追踪的特有的痕迹。美国9·11事件中的劫机者在最后几天内的活动可能很容易地通过他们的消费模式被追踪。这当然对于预防他们的恐怖行动没有什么帮助，但是在事后收集犯罪证据的过程中却起着极为重要的作用。另外，监控银行卡的消费方式也可以帮助我们追踪被盗银行卡：如果某个银行卡消费的性质、频率和规模突然发生了变化，这很可能表明它正在被盗用。

注　释

1 Kieron O'Hara, *Trust: From Socrates to Spin*, Duxford: Icon Books, 2004, 75-92.

2 Samuel D. Warren & Louis D. Brandeis, "The right to privacy", *Harvard Law Review*, 4 (1890), 重印于 Adam D. Moore (ed.), *Information Ethics: Privacy and Power*, Seattle, University of Washington Press, 2005, 209-225。

3 Kieron O'Hara & David Stenvens, *Inequality.com: Power, Poverty and the Digital Divide*, Oxford: Oneworld, 2006.

4 "'Intelligent cars' that call emergency services could save lives by 2009", European Parliament press service, 26 Apr., 2006, http://www.europarl.eu.int/news/expert/infopress_page/-62-7652-116-04-17-910-2006-421IPR07491-26-04-2006-2006-true/default_en.htm.

5 应该说 IntelliOne 有一个明确的隐私政策: IntelliOne Technologies Corporation, *Privacy Protection Statement v.2.4*, Dec., 2006, http://www.intellione.com/privacy/Intellione_Privacy_Protection_Statement_v2-4.pdf。

6 "Threads that think", *The Economist Technological Quarterly*, 10 Dec., 2005.

7 "Demon in the machine", *The Economist*, 3 Dec., 2005.

8 "What's in a name?" *The Economist*, 5 Mar., 2005.

9 "What's in a Name?"

10 "The leaky corporation", *The Economist*, 25 Jun., 2005.

11 Charles D. Raab, "The future of privacy protection", 载 Robin Mansell & Brian S. Collins (eds.), *Trust and Crime in Information Societies*, Chelrtenham: Edward Elgar Publishing, 2005, 282-318, 285。

12 "Hey, big-spender", *The Economist*, 3 Dec., 2005.

13 http://www.gearlive.com/index.php/news/article/pot_scented_mp3_player-02380909.

14 Hug Muir, "Wheelie bin microchips could alert councils to big polluters", *The Guardian*, 28 Aug., 2006.

15 Fiona Walsh & Patrick Barkham, "Animal rights activists tell drug firm's small investors to sell up or else", *The Guardian*, 9 May, 2006.

16 Marc Garcelon, "The shadow of the Leviathan: public and private in communist and post-communist society", 载 Jeff Weintraub and Krishan Kumar (eds.), *Public and Private in Thought and Practice: Perspectives in a Grand Dichotomy*, Chicago: University of Chicago Press, 1997, 303-332, and Oleg Kharkhordin, "Reveal and dissimulate: a Genealogy of private life in Soviet Russia", 载 Weintraub and Kumar, *Public and private in Thought and Practice*, 333-363。

17 例如 Carole Pateman, "Feminist critiques of the public/private dichotomy", 载 Carole Pateman, *The Disorder of Women: Democracy, Feminism and Political Theory*, Stanford: Stanford University Press, 1989, 118-140。

第二章
监视社会

从习惯到直觉

当然,没有办法知道,在某一特定的时间里,你的一言一行是否都有人在监视着。思想警察究竟多么经常,或者根据什么安排接收某个人的线路,那你就只能猜测了。甚至可以想象,他们对每个人都是从头到尾一直在监视着的。反正不论什么时候,只要他们高兴,他们都可以接上你的线路。你只能在这样的假定下生活——从已经成为本能的习惯出发,你早已这样生活了:你发出的每一个声音,都是有人听到的,你做的每一个动作,除非在黑暗中,都是有人仔细观察的。[1]

在乔治·奥威尔(George Orwell)所写的《一九八四年》这本小说中,"老大哥"通过将确定性与不确定性相结合的方式取得了对所有社会成员的完全控制。温斯顿·史密斯(Winston Smith)必须确保这种监视系统的基础设施到位,但是正如理查德·波斯纳

(Richard Posner)所指出的,一个政府不可能有足够的人力在任何时候对每个人都进行监视。²因此,为了减少开支,这一政治制度也需要不确定性——一个人可以估算自己被监视的可能性,但是这种可能性永远不能降到零。这种可能性还必须与惩罚相权衡。如果一个集权政府要控制其人民的话,那么它就需要实施严厉的惩罚,以使天平倾向于有利于它的那一边。它必须惩一儆百。例如在埃及,一位名叫阿布德尔—卡里姆·那比尔·苏雷曼(Abdel Karim Nabil Suleiman)的播客就被以亵渎伊斯兰的罪名判处了四年监禁。³在中国一些持不同政见者和网站站长就因为被认为在批评政府方面做得太过分而被判处长期监禁。⁴

在那些政治自由得到重视的国家,人们就不那么担心受到监视。尽管如此,西方民主国家现在都是彻头彻尾的"监视社会"。"监视社会"一词是英国资讯专员⁵在最近的一份报告中所提出的,并且在2006年11月的一次民意调查中得到了79%的英国成年被调查者的认同。⁶监视被定义为对人们开展的**有目的、常规性、系统性和有针对性的**监视。在监视社会中,它被用来达到控制、授权、管理、影响和保护的作用。⁷这并不是说,这一戏剧性的状况一定就是有害的。监视很可能会带来广泛的社会利益。

然而,不管其目的如何善良,这种监视仍然存在着很多危险。信息可能会被滥用,政府可能会犯错误。正如本书的作者之一在较早出版的一部书中写道:

> 如果有人对这种侵犯隐私的行为提出抱怨的话,政府总是会用以下这一极为谬误的理由作为回应:"如果你不违反法律的话,那么你就没有什么值得担忧的。"政府所能够做出的一种虽然正确,但是不那么令人信服的回答应该是:"如果你不

违反法律，政府不违反法律，政府雇员也不违反法律，装有数据库的计算机不出问题，其所使用的系统是按照为人们所充分了解的软件工程原则认真设计的并且得到恰当维护的，政府不会吝啬相关的费用，数据库中所有的信息都是认真录入的，警察受到有关这种系统的使用的充分培训，这种系统没有被黑客侵入，你的身份没有被盗用，并且本地硬件运作良好的话，那么你就没有什么值得担忧的。"[8]

在一个众所周知的事件中，一位名叫马希尔·阿拉尔（Maher Arar）的原籍叙利亚的加拿大软件工程师在美国转机的时候，被美国移民部门基于加拿大皇家骑警所提供的一份虚假信息拘留，并根据一个非常规秘密引渡协议被驱逐到叙利亚。他在叙利亚监狱中被关押了将近一年，并且受到了酷刑折磨。数年之后加拿大政府对他做出了道歉，并给予他 1050 万加元的赔偿。在本书写作的时候，美国政府仍然拒绝承认它对此事负有任何责任。

虽然这种可怕的事件非常罕见，但是它促使人们为保护隐私权而采取行动。对于我们中的大多数人来说，监视是令人讨厌的，但已成为我们日常生活的一个部分——无论我们是去旅行、购物、上学、上医院还是坐在家中。[9]当反对监视人士提出抗议的时候，人们所听到的除了陈词滥调之外，还有对"思想警察"的真正的担忧。

在 9·11 事件发生之前，我在旅行的时候总是随身携带着我的小瑞士军刀，以备不时之需。如有时我需要那上面的小螺丝刀修理我的眼镜。我没有什么需要隐藏的。在 9·11 事件之后，有一次我登上了一架飞往我的家乡安大略省金斯顿的飞机，但是我的瑞士军刀却必须装在一个机场安全信封中单独托运。另外，当我在多伦多机场慢慢走过很长的安全检查通道，两边大量荷枪实弹的保安和军事人员也让我感到非常紧张。虽然我作为一个白种男人没有被挑出来接受特别安全检查，但是仍然有些东西让我感到害怕。正如我们后来所发现的，这还只是一个开始。

在此之后，我曾经在冰岛凯夫拉维克机场被用智能摄像机扫描过脸部；在东京成田机场明亮的新显示屏上看到有关因受到恐怖袭击的威胁而增加安全防范级别的警告。我在伦敦、悉尼和维也纳等许多世界性大都市都经历了新的监控措施（如警犬在登机口检查旅客随身携带的物品）。而现在我写这一段文字的地方恰好就是波士顿洛根机场的候机室——在9·11事件中，有两架被劫持的飞机就是从这个机场起飞的。从验票领取登机卡的柜台到入口坡道等地方对包裹和乘客的检查都要比以前严格得多。我在登机前必须当着保安人员的面启动我随身携带的笔记本电脑，并且出示我的护照照片。进入美国的航班都必须在事先将乘客的信息发送目的地机场。所有这些措施对于我们来说都是以前所没有经历过的。[10]

考虑到促使世界各地提高安全防范级别的那些可怕的事件，以上所描述的这些对隐私的侵扰似乎并不十分严重。当约翰·斯图尔特·密尔（John Stuart Mill）猛烈抨击暴政的时候，他所想到暴政给人民所带来的苦难与上面这位作者所经历的、被残酷地剥夺在飞机上用小螺丝刀修理眼镜的权利这一苦难相比，很可能要更为深重。另外考虑到这位作者的飞行里程，他巨大的碳排放量要比他所描述的那些侵犯隐私的措施更可能对人类构成威胁。但是我们这里所要讨论的是监视本身，而不是其结果。

安全、社会凝聚力、健康和环境

具有先见之明但如今已不受人们追崇的马歇尔·麦克卢汉（Marshall Mcluhan）曾经预言，随着新的技术和媒体的出现，人类不久就将生活在一个地球村中。当时大多数人都认为这意味着旅行将变得更为简单便捷，从而使得各种不同文化频繁地相互融合，并产生深远的影响。但是村庄的另一个特点就是缺乏匿名性和秘密性。要享有隐私就必须付出很大的代价。这是我们不得不接受的地球村的另一个方面。

事实上，似乎大多数人也的确可以在被各种系统监视之下过着合理和幸福的生活，并且通过养成新的习惯使自己适应新的环境。隐私和匿名在某种程度上是近代的发明和理想，而许多人则更强调安全和凝聚力。即使在洛克、亚当·斯密和密尔[11]等思想家建构近代西方有关隐私的概念的时候，启蒙运动的精神已经开始对作为一种价值的隐私表示怀疑了。许多作家和思想家都担心太多的隐私会助长虚假、伪善、"不文明"或不自律的行为。[12]

"皮尤全球态度调查项目"在2002年通过调查发现，在世界各国人民中普遍存在对犯罪和恐怖主义的担忧。在被调查的几个国家中，只有在约旦、加拿大、韩国和中国，少于40%的被调查者认为犯罪是一个"非常大"的问题。48%的美国人、61%的英国人、69%的土耳其人、76%的法国人、80%的波兰人、86%的印度人、93%的危地马拉人、96%的孟加拉国人和96%的南非人都对犯罪感到非常担忧。在大多数国家中，超过一半的人都担心恐怖主义，而那些担心恐怖主义活动者在人口中所占比例很小的国家（英国占

23%，约旦占15%）后来却遭到了严重的恐怖主义袭击。[13]

上面所提的那些机场安全措施也许并没有能够阻止任何恐怖主义袭击。但是9·11恐怖袭击事件之所以能够发生，却恰恰是因为当时缺乏上面所提的措施——至少是其中的一些措施。那些恐怖分子正是使用很小的刀子以及其他一些尖锐的物品控制了四架飞机。当然这些东西在大多数人手中都是无害的，并且即使飞机落入劫机分子手中，在通常情况下也不会导致严重后果。9·11事件改变了我们对这种危险的理解。

9·11事件之后的反恐战争被其支持者们认为是为了保卫自由主义免受伊斯兰极端分子的威胁而采取的积极行动。自由主义者所面临的困境是：对不宽容者的宽容是宽容社会的一个弱点。[14]如果不宽容者的行为相对无害，并且受其影响的人较少，那么它还是可以被自由主义者所宽容的。但是当不宽容者开始谋杀他们所不能宽容的人，那么他们这种不宽容的行为就不能被宽容，而是应该坚决予以打击。这一逻辑如果是正当的话，那么它就允许自由主义者采取查看他人的电子邮件，对他人进行监视，限制他人的政治活动等等一系列措施。

安全是能够与隐私相抗衡的价值一个突出的例子。世界各国的警察都拥有从监视到监禁的一系列侵扰公民隐私的权力。只有非常极端的自由主义者才相信，个人可以独立于一个赋予各种行为意义的、正常运作的社会而享有自由。根据这一逻辑，社会是所有自由行为的前导，因此必须对其加以保护。

在那些自然凝聚力不强的社会中，促进社会凝聚力的措施显然就更具价值了。恐怖的塔利班组织之所以最初在阿富汗受到欢迎，那是因为他们至少有能力击退各种相互残杀的军阀，并且具有一些使他们能够公平执政的宗教和道德力量——尽管他们的统治是严酷和无情的。许多阿富汗人认为，有一些社会凝聚力总比一点都没有强。

其他一些国家——主要是亚洲国家——将社会凝聚力看作是目的本身。有人——这些人也主要是亚洲人——经常争辩说，政府在掌握可靠数据的条件下运作更为有效。他们还倾向于缩小私人行为空间。

公共健康问题管理是另一个受益于监视措施的领域。例如在2003年，新加坡政府对非典型性肺炎的爆发采取了极为认真的态度。这一方面是由于这种疾病的自然毒性极强；另一方面是由于新加坡这个小岛国人口密度特别大。政府对于与被确诊的非典病人有过接触史的人采取了隔离措施。但是受这一措施影响的人的数量的组合爆炸式增长很快就使卫生部的信息系统处于瘫痪状态，使它既无法开展隔离，也无法追踪那些有接触史的人。最终国防部的一个下属机构在很短的时间内重新设计并创建了一个涵盖不同部门的信息系统，将对有接触史的人的追踪、流行病学研究、疾病预防、前线运作和向被隔离人员提供假期等一系列措施组合在了一个单一的监控系统之中。这一系统严重限制了个人自由，但它使新加坡在短短几个星期之内就消灭了非典。[15]

另外，监视可以帮助我们理解环境以及我们与它的关系。在本章中我们一直在讨论9·11恐怖袭击事件。在世贸双塔倒塌之后，美国国家标准和技术研究所对当时的逃生和救援程序进行了评估并发布了一份报告。在报告中它建议改进并广泛提供闭路电视监控系统，以便在灾难发生的时候监控人们的位置及反应，从而使救援机构能够实时协调和调整其救援工作。

简而言之，监视技术并没有朝着奥威尔所预言的方向发展。它的发展是一个理性的过程，是对资本主义和现代民族国家发展的需求的回应（但是我们也不能低估冷战和反恐战争在这方面所起到的作用）。它的主要目标是有效管理，而不是维持精英阶层的权力。

尽管如此,这一西方资本主义民族国家追求效率的努力也产生了一个非常不幸的副作用,那就是:这些监视技术可能并且在事实上也的确被出口到了一些不那么民主的国家之中。

隐私是一个好东西吗?

如果有关政府效率和安全的说法是正确的,那么我们为什么还需要隐私呢?隐私具有高度价值在某种程度上已经成为了一种教条,因此也必须像其他教条一样受到质疑。我们的确有很多珍视隐私的很好的理由。

首先,它与亲密行为和亲密关系有着密切的联系。由于人类对于亲密行为都有着强烈的需求,人们需要有充分私密的空间来享受爱情、亲情和友情等人际关系。即使是在工作场所,人们也需要一个私人空间:一个人是很难在众目睽睽之下工作的。社会学家厄尔文·戈夫曼(Erving Goffman)提醒我们,在公众注视的目光之外正在发生什么样的事情:

> 演员们在后台相互直呼对方名字,商量着做决定,说粗话,公开进行性挑逗,发牢骚,抽烟,穿着邋遢的衣服,"吊儿郎当"地站着或坐着,使用方言或蹩脚的语言,小声嘟囔,大声喊叫,追逐打闹,相互逗趣,在别人面前肆无忌惮地做出一些细微而又颇具象征性的举止以及诸如哼曲子、咀嚼、打嗝和放屁等身体小动作。[16]

但是对于自由主义者来说,隐私的重要性远远不止这些。使隐私问题首次成为人们关注焦点的是萨缪尔·沃伦(Samuel Warren)

和路易斯·布兰代斯（Louis Brandeis）所发表的一个著名的评论。在该评论中，他们分析了美国宪法及其修正案——在这些法律文书中我们几乎找不到"隐私"一词——并从其他一些得到更为明确规定的权利中推导出了隐私权这一派生权利。尽管如此，他们声称隐私权不能被"降解"为其他权利。

当然，宪法中有关隐私问题的微妙的法律细节已超出了我们的专业范围和本书讨论的范围。但是隐私是否可以被降解为其他价值这一问题对于我们有关隐私的思考来说是一个非常重要的语境。如果我们需要隐私的理由是建立在另一个或**另一些**价值之上的，那么保护其他这些价值就似乎要比保护隐私更为重要。哲学家朱迪丝·贾维斯·汤普森（Judith Jarvis Thompson）争辩说，隐私这一概念的含义是如此复杂，以至于我们很难想象一项单一的权利能够涵盖这一概念所适用的所有情况。隐私的各个方面是如此之不同，以至于我们无法说"隐私权的所有情况都可以被还原为**这种**更为基本的权利"。在不同的语境中可以援引不同的基本权利。[17]然而，正如有人针对她的这一说法所指出的，她声称比隐私权更为基本的一些"权利"——如不被别人观看的权利——似乎远没有隐私权那么直接和符合直觉。[18]如果我们说，我们享有隐私权，并且由此可以衍生出不被别人观看的权利的话，这似乎更符合直觉。正如戈夫曼所争辩的，人类似乎的确有一种限制别人对自己的监视的需要。

更一般而言，隐私与**自主**[19]，即一个人的行为（尽可能）不受他人干涉的概念密切相关。如果一个人想要自由的话，那么他必须能够在不受他人干涉的情况下自由行事，而如果要想这样的话，那么他必须能够以某种方式控制其所处的环境。他必须能够在必要时防止他人知道有关自己的某些事情，进入自己的私人空间，或撤销自己所做出的某些决定。

最早提出这一论点的是伟大的自由主义思想家约翰·斯图尔特·密尔。他争辩说，社会能够对公民施加巨大的压力，以至于他们无法判断自己究竟想做什么，以及自己想做的事情是否正当。[20]因此，公民需要得到保护，以使其免受不合理的干涉。而这种保护就是我们所称的隐私权。我们只有在享有隐私权的情况下才可能成为有道德的思想家和有道德的人。我们需要对我们所想要做的或者应该做的事情进行**思考**，而我们通常只有在私密的空间中才能够进行这种思考。我们需要**控制**别人对我们的接触，因为我们需要知道我们是在按照自己的意愿，而不是别人所强加于我们的意愿行事。[21]

因此，隐私归根结底是一个对人的尊重的问题。如果我们要将他人视为不可侵犯的个体，那么我们就必须给予他们各种私人空间。我们需要给予他们可以躲避监视的实在的空间，限制有关他们的信息的流通，并防止对他们所做决定的不合理的干涉。我们可以讨论对这些私人空间的限制，但是如果我们认为人具有内在价值的话，那么我们就必须为他们提供这种空间。

隐私与法律

在没有有效的社会惩罚措施的情况下，人们往往会诉诸法律。一个社会或文化无法使像互联网这样的技术消失。在诸如中国等保守文化中，有人可能不喜欢像木子美这种博主——她有关自己性经历的博客有数十万的访问量——但是他们无法通过非正式的方式对她采取什么行动。然而当局却能够监视或关闭它所不喜欢的博客。[22]由于政府并不希望失去互联网所带来的利益，它又不得不容忍博客的存在。它无论如何也不可能在不对互联网的基础结构造成致命破坏的条件下消灭所有的博客。在技术与社会的关系中，这种政治和法律惩罚是一个重要的变量。

政府将关注的焦点放在新技术所带来的危害上。这也许是很自然的事情，因为一项新技术首先引起人们注意的就是它所带来的危害。人们往往一遇见他们所不喜欢的变化就立刻会大声抱怨。在不同的时代，人们对华尔兹、非代表性艺术、爵士乐、呼啦圈和手机等新生事物都曾感到过发自内心的担忧。随着时间的推移，他们的一些——但不是所有的——担忧被证明是被夸大了的或毫无根据的。与此同时，对于某些新生事物过早的立法会抑制技术的发展（在一些国家中干细胞研究似乎就受到了这种立法的抑制[23]）。

另一方面，新生事物为人们带来的益处可以抵消其所给人们带来的危害。但是这些益处往往远不像危害那样明确，那样容易定量，以及那样显而易见，因为它们需要一段时间才能够为社会上大多数所享有。另外，许多技术依赖于网络效应。这意味着早期采用这些技术的人所能够得到的利益相对较小。只有当使用者数量达到一个临界值之后这些技术的益处才能够完全被实现。电话网络的用户越多就越有价值——亚历山大·格雷厄姆·贝尔（Alexander Graham Bell）虽然是电话行业的先锋，但是他所享受到的打电话的乐趣远比我们要少。

技术并不会从根本上改变有关社会和人际交往的政治原则[24]，但是它们的确可以改变人际交往的社会条件。言论自由仍然没有改变，但是数字技术为这一自由的行使创造了一个全新的环境。因此我们所关注的焦点并不是新的技术，而是新技术所提供的新的语境。[25]正如沃伦和布兰代斯所说，新的语境往往会要求我们重新考虑我们的权利：

> 最近的发明和商业方法使人们关注的焦点集中到了为保护

个人以及为保障……"不受打扰"的权利所必需采取下一个步骤上。瞬时照相和报纸行业侵入了私人和家庭生活的神圣领域;众多的机械装置使"你在密室中所说的悄悄话将被人在房顶上大声宣扬"的预言变为现实。多年来,人们一直感到法律必须为那些未经本人许可传播私人照片行为的受害者提供某种补救。人们长期以来一直对报纸侵犯隐私的行为感到深恶痛绝……[26]

正如他们所指出的,在19世纪中期,在美国几乎所有隐私问题都可以在法庭上根据合同法加以解决,因为几乎所有被认为是背信弃义的行为都涉及对合同关系的某种违反。在便携式照相机出现以前,一个人必须有意识地坐在照相机前摆好姿势才能够照出比较清晰的照片。因此"合同法或信托法可以为一个谨慎的人提供足够的保护,使其肖像照不会被以不合理的方式传播"。但如果别人可以在一个人不知情或未取得其同意的情况下对其照相的话,那么在这方面合同和信托就失去了作用,受到这种行为侵害的人就只能够诉诸侵权法了。[27]移动照相技术的益处显然很大,因而对其予以禁止的做法是得不偿失的[28](并且也是违宪的),因此法律必须随着技术以及社会的基础结构和制度的演变而不断进化。如果一个社会要保持其创新精神的话,那么法律就必须随着社会环境的改变而改变。这也正是中国政府所面临着的一个困境:它希望获得互联网所能够带来的经济利益,但是却又不希望承担相应的政治风险。

监视技术的支持者往往会犯一个错误,那就是认为人们可以事先界定和限制这种技术的使用。根据由社会学家马克斯·韦伯(Max Weber)所建立的、导致监视和效率的行政机构经典模式,监视系统是为了特定目的而建立,并且人们预计它会给社会带来很大的益处。乐观主义者声称,在这种情况下可以通过制定法律,规定这种系统的使用条件，从而使其合法化。通过这种法律可以排除监视系统及其所获得信息被滥用。然而官僚机构对于信息有着难以满足的渴求。这导致了人们通常所说的"功能蠕变"（function creep）。[29]大信息库对于官僚来说诱惑力实在是太大了（无论如何，官僚及其管理者的政绩是根据绩效目标加以考核的。作为个人，他们会使用一切可以获得的工具来达到这些目标，而这似乎也无可厚非）。在这方面立法保障一般来说是不充分的（在诸如英国和美国等普通法国家尤其如此）。政府可能会在实践中有意扩展"对信息的合法使用"这一概念的含义，希望有人能够在法庭上对这一做法提出挑战，从而导致法院重新界定这一领域中的一些法律先例。规范信息使用的立法往往是一些可以被成文法所改变的行政法规或者是仅受到非常有限的议会审查的授权立法。另外，在由强大的多数派政府执政或政党可以对议会中的党员施加很大压力的国家，议会对非常具体的问题的审查本来就不是十分有效。

  对于如今的隐私权，我们既不能说它受到了无情的压制，也不能说它得到了坚决的捍卫。目前的状况可以说是喜忧参半。一方面，似乎我们的自由并没有被过于自信的政府所剥夺；另一方面，法律也并不像托尼·布莱尔（Tony Blair）所声称的那样对个人信息的保护"过于热衷"。[30]政府不可能总是可以为所欲为。"恐怖活动干预和保护系统"以及美国政府招募那些可以定期进入其他人家中的人员（例如邮递员和电话公司雇员）参与监视的做法终因公众的抗议而有所收敛[31]：民意终究还是不可违的。

  鹰派和鸽派之间有关这一问题的争论伴随着偶发事件、突发公共事件、丑闻和媒体对这些事件的报道无休无止地进行着。这些偶发事件引发了激烈或温和的公共反应，从而使辩论突然偏向某个方向——但这种变化并不一定是永久性的。恐怖袭击或重大犯罪事件很可能会在短期内增加对监视措施的支持，而极其恶劣的滥用个人信息的事件则会起到相反的作用。民意测验专家像其他媒体分析家一样热衷于关注时事。他们往往会在偶发事件发生之后立即开展民意调查，从而仅仅为不断变化着的民意提供了一个快照——这种民意调查的结果在几周之后就几乎没有任何价值了。

有时导向性解释胜过严肃的辩论。例如"美国完全信息认知系统"原本是为了整合数个监视系统而建立的。但是它的名称却非常具有误导性。"完全"暗示着该系统包含所有人和所有事物的信息；而"认知"则暗示有某个人在关注该系统所接收到的所有信息。这一名称作为一个整体暗示着该系统会审查每个人的个人信息。这是一件十分可怕的事情，因此引发了公众的强烈抗议。[32]后来这一名称被改为"恐怖主义信息认知系统"。在这一新的名称中，"认知"具有了积极的含义（这当然也是错误的理解），因为这一系统的对象是选民们所害怕的"恐怖分子"。更好的是，这一系统所针对的不是选民自己。不是恐怖分子的选民知道他们从来没有，也从来不会为改变社会的政治制度而去搞爆炸活动。因此他们感到无须担心"恐怖主义信息认知系统"的审查。从这件事情中我们可以看出恰当名称是多么的重要。

个案研究：英国的身份证

很多年来英国一直在开展有关是否实施身份证制度的辩论。在此期间两大政党都曾经改变过它们有关这一问题的立场。反对党不面临韦伯所描述的那种提高官僚机构工作效率的压力，因此通常执政党更支持身份证制度。

身份证是国家、公民、外部世界、政治力量和技术之间错综复杂的互动关系的一个有趣的例子。在英国,支持身份证制度的人指出,在西方有许多完全值得尊敬的民主国家,包括十一个欧盟国家,都实施了这种制度。在非常民主的比利时,法律要求公民在任何时候都必须随身携带身份证。而德国、西班牙和卢森堡也要求居民携带某种使警察确定其身份的证件,但是这种证件不一定是身份证。

但是这一论点并没有抓住问题的要领。如果我们考察一下这些身份证制度的具体情况的话,我们就会发现,在它们之间存在很大的差异,而这些差异可以被追溯到不同国家独特的历史和文化背景之中。例如,英国是一个仍然适用由先例,而非成文法,所构成的普通法的国家。普通法国家所信奉的一个原则就是:公民可以做任何没有被法律所禁止的事情。这意味着在国家和公民之间没有一个标准的关系,而为每个人界定一个唯一的身份并将其存放在一个庞大的中央数据库中的做法将会违反英国社会许多有关个人的推定。特别是,没有法律禁止个人使用不同的身份和别名,这与互联网上的情况相同。

正是出于以上的原因,最近在澳大利亚、新西兰、美国和加拿大等普通法国家中所提出的实施身份证制度的提议都因绝大多数民众的反对而失败。然而在这些国家中人们还是持有某种载有个人信息,能够在某种特定场合证明其身份的证件。其中最著名的就是美国在富兰克林·罗斯福总统执政期间建立的社会保险号码制度。它最初是为社会保险制度而建立的,但是现在被用于更为广泛的目的。如它被军方和国内收入署用以确认个人身份。它是一种美国所有公民,以及永久性或临时性(工作的)居民都可以获得的9位数字号码,只有在发放数量超过10亿的时候才可能出现重号,而目前美国的人口数量为大约3亿。社会保险号系统没有与生物识别数据库建立联系,因此无法确保出示一个社会保险号的人就是这个社会保险号的真正拥有人。这一低相关性是很成问题的,因为社会保险号在许多业务,包括在银行开户和其他金融业务中都被用作身份识别手段。而在英国,驾照往往被用作身份证。而这也是一种功能蠕变:社会保险号或驾照被用于更为广泛的目的。

一个非常令人感兴趣的现象就是:在使用全国性身份证系统的一百余个国家中具体的情况千差万别。身份证制度很少是由民主国家在和平时期所实施的(荷兰和马来西亚是两个例外);它们绝大多数是战时措施(如卢森堡)、前独裁政府(如德国和西班牙)或殖民统治的遗留物。这意味着,在这些身份证制度中很少是为了解决特定的问题而建立的,并且经受了某种程度的民主辩论的考验。恰恰相反,由于大多数身份证制度都是历史遗留物,它们由于已存在事物的惯性而不是建设性的辩论而被保留了下来,并且经过改造被用于在某一时期看来似乎是正当的目的,如对付犯罪、恐怖主义或非法移民,分配社会福利,简化公民与国家之间的联系界面。[33]

临时用途和功能蠕变是这一领域的普遍现象。英国曾经两次在战时为特定的目的而实施身份证制度(尔后又废除)。1915年《全国登记法》要求国内所有年龄在15岁到65岁之间的人到全国性登记处登记,以确保劳动力得到最有效的使用。当时的反对党工党要求政府承诺这种登记制度不会被用于征兵,而政府也做出了这一承诺。该法也没有规定人们必须随身携带身份证或者警察有权力要求人们出示身份证。当然,这种登记后来被用于征兵制度的实施,并且到了战争结束的时候警察被赋予了要求人们出示身份证的权力。1915年的法律于1918年战争结束的时候自动失效。[34]

在第二次世界大战爆发之后,1939年《紧急登记法》建立了一个身份证制度,其目的是:(一)便于动员和大规模撤离的管理;

(二) 提供必要的人口数据（前一次人口普查于1931年，下一次人口普查计划于1941年，但是在战争条件下不能保证它能够如期举行——事实上，1931年的人口普查结果在战争中被摧毁）。这一措施在当时得到了广泛的支持，但是其使用也超出了最初的目的和设计：当它最终于1952年被废除——它的废除也受到了人们的热烈欢迎——的时候，其用途已达到了32种。[35]

身份证制度得到相当大的一部分民众的支持。在2006年11月所开展的一次民意调查中，这一制度的支持率为50%，反对率为39%（但是只有41%比较愿意或非常愿意自己详细的个人信息被政府所登记，而52%的人则对此比较反感或非常反感）。[36]事实上，内政部对于这个提案信心十足，甚至还为此提出了一个时髦而又蹩脚的口号："每个人都是独一无二的，让我们保持这种独特性吧！"[37]2006年《身份证法》为这一制度的实施提供了一个框架，但是在细节上规定得很模糊。这部分是出于明智的原因，那就是技术在不断地发展。但是议会民政事务专职委员会对细节不足的担心并非多余。它指出："这些细节的重要性与数据库的结构类似。"[38]

这种身份证不大可能像美国新一代护照那样使用电子标签芯片（见第八章）。它可能会像信用卡一样大小，上面印有一张持卡人的照片和一些生物识别信息。有关一个人的信息可以通过两种方法存储在卡上：一种方法就是将它以肉眼可读的形式印刷在卡上（政府暗示，这种可以为肉眼所看到的信息与目前护照上的大致相同）；另一种就是将其以数字代码的形式存入芯片之中。这些信息并不一定要存入卡中——大多数登记的信息可以存储在诸如全国身份登记库等数据库中。在卡中只需存储一个数字密钥就可以将其与持卡人唯一的个人信息记录联系起来。可能会存储在卡上的生物识别信息包括虹膜扫描或指纹（持卡人必须亲自前往一个能够提取其生物识别信息并将其存储在全国身份登记库中的机构),但是具体的信息内容在很大程度上取决于代价,特别是错误确认身份所可能导致的伤害,以及生物识别信息的目的是确认一个人的身份(将一个人的生物识别信息与数据库中的某个记录进行比对),还是从一群人中识别出某个人(将一个人的生物识别信息与一系列的记录进行比对)。

根据这一法律,全国身份登记数据库只能用于两个法定目的(而不能用于任何其他目的):[39]其一,为个人向有合理理由要求其证明自己身份的他人提供一个证明自己身份的便捷的方法;其二,在公共利益[40](被界定为国家安全、预防和调查犯罪、移民控制、实施劳动法或确保公共服务的有效提供)[41]所需的情况下核实一个人的身份。

《身份证法》中所提供的许多定义都很宽泛。在这方面主要的保障就是内政部部长所做出的将狭义地实施和解释这一法律的承诺。没有人怀疑这是他们目前的意图,并且将来如果有人在法庭上对这一法律的实施提出质疑的话,法官也会利用这些承诺对这一法律进行狭义的解释。但是官僚政府的各种动机和需要都会导致这一制度范围的扩大和功能的增加。为了防止其功能蠕变,议会必须不断地对其进行监督。

身份登记数据库将不可避免地出现数据不准确和管理错误等问题。在英国,只有2%的人相信数据库中的数据将是完全准确的;有41%的人认为其中大部分数据将是准确的;而有48%的人认为其中将会有很多不准确的数据。数据的保密性是人们所担心的一个主要问题。有66%的人不相信政府能够避免信息的不当泄露;有多达82%的人认为至少存在个别邪恶的公务员违反保密性原则的危险。[42]《身份证法》规定,只有一些特定的公共机构有权在未经当事人同意的情况下获得身份登记数据库中的数据。[43]这些机构包括:

政府安全部门、秘密情报部门、政府通信总部（军情一处）、重大有组织犯罪署、警方、税务海关总署、包括北爱尔兰事务署在内的一些政府部门以及负责管理其他可用于确定身份的文件的机构。以上这些机构使人们有理由感到担忧，在最近发生了涉及北爱尔兰准军事武装的监视丑闻之后尤其如此。除此之外，据估计有265个政府部门和44 000个私营组织将获准使用这一系统。[44]

身份登记数据库的规模和范围都是惊人的。如果一个人在出生时被登记在这个数据库中，那么有关他的个人信息可能会在这个数据库中被保存100年——而计算机从被发明到现在也只有50多年的历史（数据库中的数据每10年更新一次）。系统升级的工作量和出错的几率都是巨大的。比如说，如果数据库中有1亿个记录的话，那么即使出错率很小，错误的数量也会很大。内政部估计该数据库每年至少会处理1.63亿次身份核实。[45]而我们几乎可以肯定这是一个被严重低估了的数字。

另外值得注意的是，这种身份核实数字钥匙还会被许多政府部门用于其自己的数据库查询。每个政府部门都会存储它在与人们打交道过程中所产生的信息。它们很可能会使用身份证号码作为这种信息的索引，而这也意味着不同部门合并其数据库将是一件非常容易的事情——它们所要做的仅仅是将数据按照身份证号码排列。另外，尽管身份登记数据库的一个目标就是防止身份盗用行为[46]，但是这一目标似乎很难实现。在目前这个将与特定个人有关的各种身份信息松散地组织在一起的系统并不十分安全，而身份证号又是使用这一系统的唯一途径。建立这样一个"超级身份"不仅意味着政府为身份窃贼提供了一站式服务，而且还意味着身份盗用所产生的消极作用将会被放大很多倍。

注 释

1 George Orwell, *Nineteen Eighty-Four*, Harmondsworth: Penguin, 1954, 6.

2 Richard A. Posner, "Orwell versus Huxley: technology, privacy and satire", *Philosophy and Literature*, 24 (2000), 1-33.

3 Ian Black, "Egyptian blogger jailed for four years for insulting Islam", *The Guardian*, 23 Feb., 2007.

4 Privacy International, People's Republic of China, country report, 16 Nov., 2004, http://www.privacyinternational.org/article.shtml? cmd [347] =x-347-83511.

5 Birstie Raab, *A Report on the Surveillance Society*, London: Information Commissioner's Office, Sep., 2006, http://www.ico.gov.uk/upload/documents/library/data _ protection/practical-application/surveillance_ society _ report _ 2006.pdf.

6 YouGov/*Daily Telegraph* poll, 28-30 Nov., 2006, http://www.yougov.com/archives/pdf/TEL060101024 _ 4.pdf.

7 Ball et al., *A Report on the Surveillance Society*, 4.

8 Kieron O'Hara & David Stevens, *Inequality.com: Power, Poverty and the Digital Divide*, Oxford: Oneworld, 2006, 251-252.

9 Ball et al, *A Report on the Surveillance Society*, 49-63.

10 David Lyon, *Surveillance After September 11*, Cambridge: Polity Press, 2003, 203.

11 特别见 John Locke, *Two Treatises of Government*, London, J. M. Dent, 1924。

12 Patricia Meyer Spacks, *Privacy: Concealing the Eighteenth-Century Self*, Chicago: University of Chicago Press, 2003, 简·奥斯汀的《理智与情感》以诙谐生动的手法描写了这一两难处境。

13 Pew Global Attitudes Project, *What the World Thinks in 2002*, Washington DC: The Pew Research Center for the People and the Press, 2002, http://pewglobal.org/reports/pdf/165.pdf.

14 Paul Berman, *Terror and Liberalism*, New York: W. W. Norton & Company, 2003.

15 Kieron O'Hara & David Stevens, "Democracy, ideology and process re-engineering: realizing the benefits of e-government in Singapore", *Workshop on e-Government: Barriers and Opportunities*, World Wide Web Conference 2006, Edinburgh, May 2006, http://eprints.ecs.soton.ac.uk/12474/01/ohara _ stevens.PDF.

16 Erving Goffman, *The Presentation of Self in Everyday Life*, Garden City, NY: Doubleday Anchor, 1959, 128.

17 Judith Jarvis Thompson, "The right to privacy", *Philosophy and Public Affairs*, 4 (4), 1975, 295-314.

18 Thomas Scanlon, "Thompson on privacy", *Philosophy and Public Affairs*, 4 (4), 1975, 315-322.

19 Beate Rössler, *The Value of Privacy*, Cambridge: Polity Press, 2005, 43-76.

20 John Stuart Mill, On Liberty, 特别是第四章。载 John Stuart Mill, *On Liberty and Other Essays*, John Gray (ed.), Oxford: Oxford University Press, 1991, 1-128。

21 Rössler, *The Value of Privacy*, 56-66.

22 例如参见 Xiao Qiang, "The 'blog' revolution sweeps across China", *New Scientist*, 24 Nov.,

2004, Peter Goff, "Sex blogger breaks Chinese sound barrier", *Daily Telegraph*, 9 Oct., 2005。

23 "Inconceivable", *The Economist*, 11 Jan., 2007.

24 Kieron O'Hara & David Stevens, *Inequality.com: Power, Politics and the Digital Divide*, Oxford: Oneworld, 2006.

25 Jack M. Balkin, "Digital speech and democratic culture: a theory of freedom of expression for the information society", 载 Adam D. Moore (ed.), *Information Ethics: Privacy, Property and Power*, Seattle, University of Washington Press, 2005, 297-354, 此处在 297-301。

26 Samuel D. Warren & Louis D. Brandeis, "The right to privacy", Harvard Law Review, 4 (1890), 重印于 Moore, InformationEthics, 209-225, 此处在 210。

27 Warren & Brandeis, "The right to privacy", 218-219.

28 T. Allen et al, "Privacy, photography and the press", 载 Moore, *Information Ethics*, 355-372。

29 参见 O'Hara & Stevens, *inequality.com*, 243-245。

30 "Information overlord", *The Economist*, 20 Jan., 2007.

31 Lyon, *Surveillance After September 11*, 57.

32 Charles V. Peña, *Information Awareness Office Makes Us a Nation of Suspect*, Cato Institute, 22 Nov., 2002, http://www.cato.org/research/articles/pena-021122.html.

33 John Wadham, Caoilfhionn Gallagher & Nicole Chrolavicius, *Blackstone's Guide to The Identity Cards Act 2006*, Oxford: Oxford University Press, 2006, 11-13.

34 Wadham et al., *Blackstone's Guide to The Identity Cards Act 2006*, 6-7.

35 Wadham et al., *Blackstone's Guide to The Identity Cards Act 2006*, 7-8.

36 YouGov/*Daily Telegraph* poll, 28-30 Nov., 2006, http://www.yougov.com/archives/pdf/TEL060101024_4.pdf.

37 http://www.ips.gov.uk.

38 Home Affairs Select Committee, *Identity Cards*, report of Session 2003-4, 30 July, 2004, para. 197.

39 *Identity Cards Act 2006*, 1.1.2.

40 *Identity Cards Act 2006*, 1.1.3.

41 *Identity Cards Act 2006*, 1.1.4.

42 YouGov/*Daily Telegraph* poll.

43 Wadham et al., *Blackstone's Guide to The Identity Cards Act 2006*, 115-118.

44 Home Office, *Procurement Strategy Market Soundings*, Powerpoint presentation, Oct., 2005, http://www.identitycards.gov.uk/downloads/procurement_strategy_market_soundings.pdf.

45 *Procurement Strategy Market Soundings*.

46 "Mistaken identity", *The Economist*, 30 June, 2005.

第三章

计算机安全遭遇人类愚蠢：
隐私增强技术及其局限性

格林牧师在书房用来击碎受害者脑壳的烛台并不只是一件凶器。它原本是被作为一件日常生活用品而生产的。计算机技术的情况也与此类似——它可以被用来做好事，也可以被用来做坏事。我们不应该认为隐私只是被动地受到技术的威胁。尽管隐私增强技术（PET）不可能是解决隐私问题的全部办法——立法、商业刺激和国际协议也将起到相应的作用[1]，但是它仍然非常重要。

操作系统

普通计算机用户的第一道防线就是操作系统——它管理计算机的所有硬件和软件资源，并为人类用户提供交互界面的程序。最常用的操作系统就是微软视窗的不同版本，如 Windows 2000、Windows XP 和 Windows Vista。在目前世界上人们所使用的大约 10 亿台电脑中，有大约 90% 都是使用 Windows。其他操作系统包括被用于苹果麦金塔电脑上的 MacOS 和 Linux。后者是使用"开放源码"方法开发出来的。这意味着它不被看作具有知识产权，而是由独立的软件开发者志愿合作开发的。

黑客所使用的一个常用手段就是向你的计算机系统内植入一种被称为"恶意软件"（病毒或蠕虫）的小程序。它们会试图利用你的电脑运行某些软件，或者收集有关你的信息。在这种情况下操作系统非常重要，因为（一）恶意程序会引诱操作系统允许它进入计算机硬盘；（二）它会运行恶意软件。因此安全是操作系统的一个极为重要的从属功能。

在这方面微软的不利条件就是它几乎垄断了操作系统市场。首先，微软对于安全风险认识得较晚，因此早期 Windows 版本并没有采取它们所应能够采取的安全措施。最新的 Windows Vista 版本是为了确保更大的安全性而临时拼凑起来的。尽管当时微软公司专门雇用了 8000 人负责开发这一软件，但是他们还是感到力不从心，因而不得不放弃了一些更为雄心勃勃的安全性能。[2]其次，Windows 对市场的垄断使其成为黑客攻击的主要目标。因此它的主导地位导致了其在安全性方面的先天性不足。再次，由于大多数电脑都使用 Windows 操作系统，因此攻击 Windows 的病毒和蠕虫可以迅速传播。而专门攻击诸如 Linux 等其他操作系统的蠕虫则找不到多少可以供它们入侵的电脑。即使它们侵入了一台电脑并且通过电子邮件地址簿进行传播，根据平均情况，地址簿中的大多数人都使用 Windows 而不是 Linux 操作系统，因此这一蠕虫很可能会自然死亡。

如今的操作系统是如此之庞大和复杂，以至于安全漏洞不可避免。我们不可能预见所有可能的攻击形式。人们一旦在操作系统中发现一个漏洞就会立即就如何弥补这一漏洞而开展研究。然后销售操作系统的公司就会发布一个被称为"补丁"的升级程序。这一补丁被加入操作系统之中，用于弥补特定的漏洞。大多数计算机的操作系统会与其开发商保持联系，并且在需要时自动升级。

加 密

确保隐私的最重要的计算方法就是加密，也就是有意将信息弄乱，以防止它被窥探者阅读。当然，信息的发送者希望其所发的信息能够为接收者所阅读，因此最终还需要将弄乱的信息恢复原状，并且还必要有一种确保能够使其恢复原状的方法。如果加密的方法非常简单的话，那么它就很容易被截获信息的人所破译；如果加密方法非常复杂的话，那么虽然信息更安全了，但是解密可能又过于麻烦，因而得不偿失。一种典型的加密和解密的方法就是使用一种机械的方法或算法以及一个被称为密钥的额外的参数。一旦信息被加密，只有知道加密方法并掌握密钥的人才能够解密。

让我举一个非常简单的例子。所有中小学生都知道的一种常用的加密方法就是将字母表中的字母按次序向后移位。如将 A 写成 B，将 B 写成 C，并以此类推，最后将 Z 写成 A。移位的量可大可小。如移位量为 5 的话，那么 A 就写成了 F，B 写成 G，并以此类推下去。这样最后一个字母 Z 就写成了 E。因此在这种简单的加密方法中，密钥就是字母移位的量。它可以是 0—25 之间的任何一个数字（如果密钥为 0 的话，那么信息就没有任何改变）。因此，如果密钥为 17 的话，那么英文"MEET ME AT THREE"（三点钟见我）经过加密之后就变成了"DVVK DV RK KYIVV"。

这当然是一个安全级别很低的加密方法：字母出现的频率没有变化，因此（正如看过有关"跳舞的男人"这个福尔摩斯故事的读者所知道的），只要你所截获的信息足够长，你就很容易猜出破解密码的密钥。E 是英语中最常用的一个字母。因此在上面这个例子中，我们可以推测 V 代表 E。T 是英文中第二常用的字母，因此我们推测 K 代表 T。以上这两个推测使我们还原了这一信息中的大部分内容："＊EET＊E＊T T＊＊EE"。据此我们还可以推测出密钥为 17。知道密钥之后，破解这一密码就成为了轻而易举的事情。

一个稍微复杂一点的加密方法就是对每个字母进行不同的移位。假定我们的密钥是一个众所周知的词，如"PREVENTION"。那么加密方法就是先将这个词转化为基于该词中的每个字母在字母表中的序号的一系列数字。如 P = 16，R = 18，并以此类推。因此这个密钥就被转化成"16—18—5—22—5—14—20—9—15—14"这样一串数字。接着就通过以下方法对信息进行加密：将第一个字母按照字母表中的顺序向后移 16 位，第二个字母向后移动 18 位，第三个字母向后移 5 位，以此类推。在用完了密钥的最后一个数字（14）之后，我们再一次使用第一个数字（16），然后再以此类推。通过这种方法加密之后，上面所举的那个例子——"MEET ME AT THREE"——就变成了"CWJP RS UC IVHWJ"。使用这种更为复杂的方法我们就得到更难破解的密码。在上面所举的那个简单的例子中，每个字母的加密方法都一样。而在这个更为复杂的例子中，位于句子中不同位置的字母 E 分别变成了 W、J、S、W 和 J。然而，由于在"MEET"一词中的两个 E 是用"PREVENTION"这个密钥中的 R 和 E 加密的，因此仍然存在着一些重复。并且由于密钥的长度比信息的长度要短，因此这个密钥要循环使用。这意味着在"THREE"一词中的两个 E 也是用密钥中的 R 和 E 这两个字母加密的，因此它们也被加密成 W 和 J。如果被截获的信息足够长，并且截获人愿意花费时间和精力的话，那么这种秘密是可以被破译的。

很显然，加密技术比这要更为复杂一些。例如，"数据加密标准"（DES）是美国政府于 20 世纪 70 年代作为标准使用的一种重要的数据加密方法。DES 选择一段文字，然后通过用 56 字节（或比特）长度的密钥以 64 比特为单位对其实施一系列操作的方法进行加密。这种加密方法极为复杂。但即便如此，它也可以通过强力攻击（例如尝试每个可能的密钥）的方法在相对较短的时间（数小时而非数日）内破解。2001 年"高级加密标准"（AES）被指定为替代 DES 的新标准。它使用 256 比特的密钥，因而更加安全。尽管如此，诸如自动取款机和电子邮件系统等许多常用软件仍然在使用 DES。尽管不是很安全，但是到目前为止还没有人能够证明自己因为犯罪分子破译 DES 密码而丢过钱。

DES 和 AES 是所谓的对称密钥算法的典型例子。在这种方法中，信息的发送者和接收者使用相同的密钥。因此对于想要盗窃密码的人来说就有两个接入点。信息的发送者必须将密钥发送给另一个用户，而在此过程中它就可能被别人所截获。如果加密系统是为一群顾客服务的，那么我们就会面临一个困境：如果我们为顾客群所有用户提供一个相同的密钥的话，那么它就很容易被截获；如果为顾客群中每对用户提供一个不同的密钥的话，那么这个系统的管理将会变得非常复杂。在顾客群很大并且每次要将信息同时发送给不同用户的情况下更是如此。因此有人开发了一种使用"不对称"密钥的方法，即所谓的"公钥加密算法"。在这一系统中，被加密的信息有两个密钥——一个公共密钥，一个私人密钥。[3]

这两个密钥在数学上是相关的，但是别人很难通过公共密钥推算出私人密钥。正如其名称所暗示的，公共密钥是大家所共享的，用以加密。而私人密钥是不公开的，用以解密。如果没有私人密钥，信息就无法解密和阅读。如果我想给你发送信息的话，我就查找你的公共密钥，并用它对信息进行加密。然后这个信息只能用你的私人密钥解密了。即使它被某个知道你的公共密钥的人所截获也没有关系。只要你不泄露你的私人密钥，就没有人能够破译这个信息。公共密钥加密法是英国超秘密的"政府通讯总部"（GCHQ）的工作人员所发明的。但是这些人对这一发明保密。因此这一发明被归功于那些独立地发现了相关原则的研究人员。公共密钥算法中最重要的组成部门就是RSA，它以其三位发明者荣·里维斯特（Ron Rivest）、阿迪·沙米尔（Adi Shamir）和雷奥纳多·阿德曼（Leonard Adleman）的姓氏首字母命名，并被用于许多电子商务应用软件之中。如果密钥足够长的话，那么密码就由于太复杂而无法被破译。

创建公共密钥和私人密钥的过程要比我们以前所使用的密钥复杂得多。例如，迪菲—赫尔曼（Diffie-Hellman）密钥交换协议使用一些非常复杂的算法，因此非常难以破解。[4] 让我们假设两个女孩——阿普里尔和梅——想要商定一个数字密码密钥。她们首先商定了一个素数（如17），然后再商定一个基数（它们通常为2或5，让我们假定它是5）。现在她们每个人都要选择一个秘密数字——让我们假定阿普里尔选择了9，梅选择了13。接下来事情就变得复杂了。

阿普里尔首先发送给梅一个计算结果——她的基数（5）的秘密数字（9）次方（1 953 125）除以素数（17）所得的余数，也就是12。

梅也需要拿出她的计算手册，用她的秘密数字进行相同的计算：5的13次方（1 220 703 125）除以17，其余数为3。因此梅将3发送给阿普里尔。

接着轮到阿普里尔拿出计算器进行计算了。她将梅发给她的数字（3）的自己密码数字（9）次方（3^9 = 19 683）除以17，其余数结果为14。

而梅也进行相同的计算。将阿普里尔发送给她的数字（12）的自己的秘密数字（13）次方（12^{13} = 106 993 205 379 072）除以17。其结果——嘿！竟然也是14。

这样，通过一些复杂的计算，阿普里尔和梅各自得到了一个密码密钥。她们之间的所有通讯都可以是公开的。她们在发送基数（5）和素数（17）以及她们的计算结果（12 和 3）的时候都不用担心这些数字被他人截获，因为从这些数字中推导不出她们的密钥（14）。阿普里尔有一个她没有发送给任何人的秘密整数（9），用它来计算出她的密钥。并且没有将密钥告诉任何人。而梅也一样。当然这只不过是一个简单的小例子，其中的密码并不很难破译——无论如何，密码肯定小于素数（在这个例子中素数为17），并且不可能为零。因此只有16种可能性。但是如果她们所选择的素数和秘密数字都非常大（数百位数）的话，那么就没有通过数学方法找出秘密整数的有效途径了。

这肯定是一个聪明的加密方法，但是它仍然容易遭到一种所谓的"中间人"的攻击。举个例子，如果一个名叫琼的女孩想要偷窥阿普里尔与梅之间的通信，她可以通过伪装，让阿普里尔相信她是梅，并让梅相信是阿普里尔，从而获取有关阿普里尔和梅之间就加密问题所达成的协议。这一例子说明有必要对通讯者进行身份验证。所幸的是，公钥加密法在这方面也是可以做到的。

通过不对称密钥方法可以实现"电子签名"。这一概念是基于这样一个假设：一个制作了某个信息或电子文件的人往往都希望让读者知道这个信息或文件是由他所制作的。如果这个文件是纸质的，那么他会在上面签名或用蜡封上并且在封蜡上印上章。签名和蜡封都可能是伪造的。但是一般而言，它们是确保真实性的一种较好的方法——即使在今天我们也仍然在使用这种方法。签名的好处在于：它对于签名者来说很容易，但是别人却很难伪造。电子签名是同样的东西的电子版。这种方法在数字文件中加入一些具有特定形式的额外信息。在验证过程中可以查看这些信息以确保它们具有恰当的形式。这种方法的关键在于确保电子签名对于签名者来说很容易创建，但是其他人却很难伪造。

数字签名系统由三个加密程序组成。第一个程序为签名者产生一对密钥。其中一个是公共密钥。它可以被分发并用于验证签名。而另一个则是用于签名的私人密钥。第二个程序用所要发送的信息和私人密钥建立一个签名。第三个程序是验证算法程序。它对公共密钥、所发送的信息和签名进行比对，如果签名是真实的，信息就被放行；如果签名是伪造的，那么信息就被拦截。

数字签名对于验证信息极为有用。它们被用来确保信息来自正确的源头，或者确保信息未被篡改——如果一个信息被篡改，它的签名也会改变，从而使篡改被发现。在上面所举的例子中，如果阿普里尔和梅在相互发送计算结果的时候使用数字签名的话，那么她们就可以避免其系统安全遭受"中间人"的攻击。

不幸的是，公共密钥和数字签名系统也有缺陷。特别是，它们只有在公共密钥与相关的用户建立恰当联系的情况下才会正常运作。在上面所举的有关阿普里尔、梅和琼的例子中，只有当我们能够确保据称来自阿普里尔和梅的邮件确实来自她们本人的情况下，整个系统才能够正常运转。琼对这一系统的"中间人"攻击使得这一系统无法正常工作，因为阿普里尔和梅都不能肯定据称来自对方的信息是否为真的。

一个公共密钥系统如果要正常工作的话就必须有一个被称为公共密钥基础结构（PKI）的额外的保护层。PKI被用于传输公共密钥并用数字证书将它们与恰当的用户联系起来。因此，举个例子，一个用于在互联网上进行信用卡交易的"安全电子交易证书"

（SET）将某个特定的顾客与以下事项之间建立了联系：（一）一个身份；（二）授权从 Visa 卡账户中扣款的权利；（三）验证支付授权的公共密钥。SET 证书在事实上成为了一个人的 Visa 卡的数字版本。[5]

PKI 起着公共密钥的保障者的作用。例如，阿普里尔将某个信息加密，然后再用她的私人密钥对这个文件签名。梅在收到加密的信息之后向 PKI 系统内的证书机构申请阿普里尔的数字证书，然后使用这种证书获得公共密钥，用于对信息解密。

但是我们必须注意，单凭技术本身并不能够解决所有问题。PKI 的安全性取决于支持它们的各种人工操作的管理系统。PKI 在完全安全的计算机和通讯系统上能够很好地管理证书，但是它也必须与现实世界发生互动。例如，我们必须确保证书中所使用的身份确实属于其所代表的人，而这只有通过一些能够安全地创建并维护数据库的管理系统才能够实现。证书、加密和解密程序可能非常令人厌烦并且很难使用。如果一个人丢失了他的私人密钥的话，那么所有信息都会丢失——即使他仍然不断地收到用公共密钥加密的信息，但是由于没有用来解密的私人密钥，他无法阅读这些信息。网络世界的问题在于它在不断地扩展，因此安全系统也需要具有扩展性。在一个较小的环境（如一个公司的 IT 部门——在那里工作的所有人都相互认识）中运作良好的系统在一个有许多陌生人使用各种不同的系统并通过各种不同的方式进行互动的更大的环境运作起来就不那么容易了。PKI 是一个很好的解决方法，但是对于一个真实的商业环境或对于缺乏经验的用户来说，它很可能并不是解决隐私问题的实用方法。[6]

使用不对称密钥保护隐私的另一种方法就是发展可以避免集中的 PKI 的所谓的"信任网络"。在一个信任网络中，每个人都信任某个其他的人，而在整个网络则没有人认识——更别说信任——所有的人。但是这一网络中存在足以维持其存在的信任。信任网络方法的最为众所周知的一个例子就是所谓的"良好隐私"（PGP），[7]但是PGP的较新版本也可以用于集中式系统。

PGP基本上属于一种不对称公共密钥系统，因此它通常具有将公共密钥与信息的发送者捆绑在一起的要求。它避免了集中式的PKI由于非常复杂而难以扩展的缺点，并设想一个第三人提供一个将公共密钥与信息的发送者联系起来的数字签名。这种交易的基本的要求就是信息的接收者相信这个第三人是可靠的和诚信的。信息的接收者不必信任信息的发送者，而信息的发送者也不必信任信息的接收者或者第三人。因此在上面所举的例子中，阿普里尔在向梅发送信息的时候同时向她发送一个证明该信息的确来自阿普里尔的证书，然后她们所要做的就是共同确定梅认为可以证明信息真实性的第三人。在经过一段时间之后，一个由被信任的第三人所组成的合理规模的、足以使整个系统运转的网络被建立了起来。第三人的指定在很大程度上取决于现实生活中的人际关系，并且会因环境而异。在某些网络群体中，一个人的认可就被认为是有效的，而在其他一些群体中则不然。很显然，你在这种网络中所做的交易越多，你所能够做的交易也就越多。[8]

这种网络的确至少避免了集中化PKI系统中的一些问题，但是它们本身也存在缺陷。新用户很难加入到像信任网络这样的基于信誉的系统。如果你通过这个系统已经开展过很多交易，那么你就可以通过这个网络找到很多第三人；但是如果你是个还没有通过这个网络开展任何交易的新人，那么你要找到一个第三人就要困难得多。另一方面，如果新用户很容易使用这种系统的话，那么对于坏人来说也是如此。他们所要做的只是参与几个诚实的交易，以确立自己的信誉，然后就利用这种信誉做坏事。任何能够很好地防止坏人进入的系统也必然会使诚实的人难以进入。最终信任网络将责任分摊到了各个第三人身上，以至于你在因网络中的欺诈行为而遭受损害的时候都不知道应该起诉谁。在 PKI 系统中，至少你可以起诉未能履行职责的一个中央机构。

见树不见林：隐写术加密法

保护隐私的另一种方法就是藏在别人想不到的或者找起来太费时间的地方。隐写术加密法就是一种将要保密的信息隐藏在其他人想不到去找，或者没有足够的时间去监视或分析的地方。例如，你可以将信息隐藏在数字图像或音乐的位组合格式之中。在网络上可以找到这方面的大量资源和技术：隐写术加密法分析研究中心确认了 625 种用于隐写术加密法的数字技术并且提供了相应的对策。[9]

隐写术加密法的诀窍在于使编码难以被人发现。要做到这点就必须确保"载荷"（所要隐藏的信息）对于"载体"（即背景）的改变在视觉上和统计上都小到可以忽视的程度。由于数字媒体文件都很大，因此这种做法是完全可能的。如今一般的数字彩色图像中的每个像素都由 24 比特的信息组成。在这 24 比特中红、绿、蓝三种颜色各占 8 个比特。如果我们拿出 3 个像素就可以通过在红、绿、蓝这三个颜色组要素中各插入一个比特的方法将一个 ASCII 字母隐藏在其中。使用这种方法很容易在数字文件中植入信息。为了使这种信息更为隐秘，我们还可以通过压缩和其他方法改变图像，使人们难以发现其中所隐藏的"载荷"。这个问题得到了政府的承认——美国政府于 2006 年发布的一个文件声称，由于"隐写术加密法可以在数字产品中秘密植入额外的、几乎无法探测到的信息，隐藏秘密传播恶意软件、移动代码或其他信息的可能性很大"[10]。

看起来那些出于邪恶的目的而希望隐藏信息的人还是大有机会的。一个名为"黎明信息中心"的圣战组织出版了一份名为《技术圣战者》（Technical Mujahid）的杂志。该杂志每两个月出版一期，在网上可以获得。它在 2007 年 2 月刊登的一篇文章中介绍了隐写术加密法。从这篇文章所介绍的诸如图像像素、防止用于隐藏信息的图像变形的数学公式以及市场上可以获得的加密软件的缺点等细节来看，其作者似乎是一个专家。在这一领域内的技术"军备竞赛"中，隐藏信息的智能方法与寻找隐藏信息的智能方法可以说是道高一尺，魔高一丈。

识别与验证

密码加密法通过使别人无法阅读信息的方法保护隐私，而隐写术加密法则是通过隐藏信息的方法保护隐私。但是防止别人理解信息并不是唯一的一种保护隐私的方法。在网络之外的世界中，我们用围栏、墙壁和锁来保护我们的私人空间。而在网络上，我们也使用大致相同的方法保护我们的网络空间——只是安全屏障变成了口令、访问控制列表和防火墙。

口令是一串字符，它的使用者通常需要将其牢记在心中，但是最好不要使用容易记住的口令。口令越没有意义就越好：例如，b4D3kk2Uo 要比 Dinah 好得多（如果 Dinah 是你的猫的名字的话就更是如此）。如果我们在 26 个大写字母、26 个小写字母和 10 个数字（一共 62 个字符）中任选 9 个字符组成一个口令的话，那么总共有 13 537 086 546 552 种不同的组合。而由 5 个字母组成的名字——即使首字母有大小写之区分——也只有 23 762 752 个。这说明了一个重要的问题：如果一个口令具有有助于记忆的内部结构的话，那么它就更容易被破解。如果人们趋向于将英文单词用作口令的话，那么在其他方面相同的情况下，使用英文字典的机械化密码破译方法肯定要比随机密码破译方法更为有效。口令系统在"强力攻击"（即依次尝试所有可能的口令）面前总是脆弱的，因为计算机可以在短时间内产生一个包括所有可能的口令的列表。因此大多数系统都设定了允许输入错误口令的次数。

防火墙将一个人的网络空间与他所不太信任的网络区域隔离开来。每当来自不受信任的空间的信息试图进入这个人的网络空间的时候，防火墙就会将其拦截下来，并通知这一空间的主人。后者可以决定是否允许这一信息进入他的空间。就像许多其他网络安全系统一样，防火墙是由有关允许哪些信息进入空间的政策所控制的。不同的防火墙针对不同的威胁提供保护：你可能主要担心你的电脑感染病毒（在这种情况下你应该注意可疑邮件），也可能有一些敏感信息需要保护（在这种情况下你应该注意是否有人通过远程的方法进入你的计算机系统）。

所有这些方法的目的都在于识别和验证进入你的网络空间的人。在识别过程中，试图进入你的网络空间的人告诉你他是谁，而你可以决定是否相信他。在网上的识别方法应该将一个人所发送的信息与他身份的某种表达形式联系起来。但是为了保险起见，你也不能随便相信有关身份的声称，而是应该去验证它，即采取某些调查手段确保所声称的身份的真实性。在网络外的世界中我们通过出示照片或签名等方法验证自己的身份。而在网络世界中我们也采取类似的方法，包括数字签名。

识别和验证的标准方法是用户名和口令。这种方法虽然相当不错，但是最终不足以阻止决意要闯入你的电脑系统的人。因此人们想出了其他一些方法。一般而言，有三种方法可以验证身份。一个人可以出示：（一）他所拥有的某种东西；（二）他所知道的某种东西；（三）某种毫无疑问属于他一部分的东西。[11]一个人所拥有的东西包括一把钥匙或一枚图章戒指，而在数字世界中则可能是一张智能卡。一个人所知道的东西通常是口令，或对一个涉及私人的问题的回答（如"你的母亲的娘家姓是什么？"）最后一种方法涉及某种个人特征，也许更像我们将要在下面讨论的生物识别。复杂的身份验证系统往往是以上这三种方法的结合，如用口令激活的智能卡（在这方面最常见的一个例子就是需要输入个人识别号码才能够进入账户的银行卡）。

一个重要的问题就是：用于身份验证的信息由谁负责保管？如果这些信息的保管者不能被人信任的话，那么这一系统就无法运作。在2001年，微软公司推出一个名为"Passport"的系统。该系统存有包括信用卡号码在内的身份信息，并作为身份验证机构通过向被正式认可的网站传输信息的方法验证用户身份。所有的信息都被存储在一个中央数据库中。这样微软公司就负有保护每个用户的身份数据的责任。但是这种做法并不成功。因此微软公司最新的推出的名为"CardSpace"的身份管理系统就避免了这一中央数据库管理模式，而将个人信息交给受到信任的第三方，如银行和信用卡公司（它们本来就拥有这些信息）保管。这一系统废弃了口令（人们往往不能很好地使用口令），其目的是让卑微的用户也能够使用通常只有政府和大公司才能够使用的安全密码协议。[12]

天下没有免费的午餐。一个系统的安全性越高，它就越难使用，并且管理费用也就越高。因此我们应该将安全措施与其所可能导致的风险紧密联系起来加以考虑：一个使用加密、密钥、一次性口令（仅在使用一次之后就被废弃的口令）以及复杂和侵扰性的生物识别的、安全性很强的系统只有在非法进入这一系统所造成的损失非常巨大的情况下才划算。如果风险相对较小，那么使用简单的口令就可以了。如果一个系统（如电子商务网站）要想吸引很多用户的话，那么简洁易用绝对是一个优势——如果你的顾客每次与你进行交易的时候都必须通过一系列复杂而又难以记住的身份验证程序的话，那么你就很难争取到顾客了。安全是有代价的，而它的复杂程度是由具体条件所决定的。[13]

生物识别

我们所讨论的大多数技术的发展都是通过"身体的消失"来实现的。身份确认的基础往往在于在两个数据——如银行账户和签名——之间建立联系。

然而只要身份确认是建立在数据之上的，就会出现在交易过程中使用伪造数据的情况（如伪造的签名）。这导致了人们对生物识别技术——即测量生物数据的技术——的需求以及这一技术的发展。该技术的原理在于找出一个人身上独有的、无法改变的或在很长一段时间内保持稳定的特征，然后使用这种特征的测量结果作为身份确认的基础。

在通常情况下，被测量人提供一些他自己的生物识别信息样本。这些样本被数字化并被存储在数据库中。然后这些生物识别信息就可以被用来从一群人中鉴别出某个人（一条信息与多个记录的比较）或验证某个人的身份（一条信息与某个单一记录的比较）。很显然，后者要比前者更为复杂、更容易出错。生物识别信息必须是独特的，这意味着这种测量方法必须能够将不同的人具有相同测量结果可能性降到可以接受的范围。如果测试的标准过于严格的话，那么有些用户就可能被系统错误地拒之门外（过于严格的测试标准也会增加生物识别系统的运行费用）。而另一方面，如果测试标准过于宽松的话，那么又会增加冒充者被错误接受的风险。

在侦探小说中备受欢迎的一种生物特征就是气味。而这种特征灵敏的"探测器"就是狗，特别是警犬。生物识别样本就是要被寻找目标曾经穿过的一件衣服。"探测器"能够在复杂的环境中追踪生物识别气味，并找到目标当前的藏身之处。这一方法的优点在于"探测器"是移动的并且具有使它们能够穿过不可预知的地带基本的智力（犬类神经网络）。

目前有几种生物识别技术正在使用或后期研发过程之中。其中最为明显的就是面部识别技术。自从摄影术使准确和客观地反映人的脸部特征成为可能以来，这种技术就一直在被使用：验证对象向验证者出示一个带有其照片的证件，然后验证者将验证对象的面部与证件上的照片进行比对。即使在今天，这种非自动化验证方法仍然是大多数护照和身份证验证的基础。这是一种很便宜的方法，并且由于人类已经进化出了非常好的面部辨别能力，因此具有合理的准确性。但是我们也可能会受到各种伪装的蒙蔽。

然而面部特征识别也可以实现自动化。面部特征识别在很久以前就已经成为人工智能的一个研究课题。而较好的面部识别系统在信息安全方面有着明显的用途。这种系统确立一些被称作"节点"的测量标准，如两眼之间的距离、鼻子的宽度等等。一个典型的系统要依赖于20个左右的节点。面部特征需要用视频或静止照片等形式记录下来，但是真正有价值的系统还应该能够识别面部各种不同侧面特征、表情、光线、眼睛、毛发等情况。

面部特征识别方法的准确性低于其他生物特征识别方法，因此有的人可能不愿意用它来保护自己的隐私。事实上，这种方法不大可能被个人用于保护其隐私，而更可能被监视者用于对个人监视的目的——换句话说，它更多地被用于侵犯隐私，而不是保护隐私。由于面部特征识系统不需要识别对象的配合（这与虹膜扫描等方法不同），因此特别适合用于监视。自动化的面部识别系统被安装在英国的一些地方——其中最著名的是伦敦纽汉区——的闭路电视监控系统之中，但是很显然，迄今为止它们在发现坏蛋方面还没有取得多少成功。[14]

另一种十分常见和众所周知的生物识别特征就是指纹。它原本也是一种传统的执法工具，但是现在也成为保护隐私的一种方法。许多类型的计算机现在都具有通过指纹识别确保安全登录的功能。虽然面部特征识别是最常用的人工身份验证技术，但是指纹识别系统已占据了自动化生物特征识别技术市场的三分之二。[15]其他不太为人所知，但越来越受欢迎的生物识别方法包括虹膜扫描、视网膜扫描、语音识别和步态识别（利用人们走路的姿态作为识别手段）。

没有完美的生物识别系统——这在很大程度上取决于你想让它做什么。生物识别特征通常应该满足以下条件：普遍性（每个人都有）、独特性（没有两个人具有相同的测量结果）、永久性（它不会改变也不能被改变）、可收集性（可以通过定量的方法测量）、高效性（应该能够有效、准确、快速和便宜地测量相关数据）、可接受性（测量过程应该为公众所接受。它不能包括外科手术或其他危险的方法。事实上，在某些要求妇女戴面纱的社会中，甚至面部识别可能也是不能被接受的）和不可规避性（这些系统不应该很容易地被欺骗）。[16]

与其他确认身份的方法相比，生物识别有一个巨大的优势，那就是生物识别特征与识别对象之间存在着很强的联系。在许多情况下，改变这些特征会导致痛苦或身体伤害。因而一个人与其数字表现形式之间存在着牢固的联系。但是也正因为如此,许多人认为生物识别技术是对他们隐私的一种潜在的威胁。使用生物识别技术进行跟踪或监视就必须能够使用一些生物识别原始模板。如果生物识别系统的主要目标是保护个人的隐私的话,那么就没有必要将这些模板存储在公共数据库中。它们可以被存储在(比如说)用来进入某些系统的个人的智能卡上。如果没有智能卡,生物识别信息也就无法使用。为了进入某个系统,一个人必须持有智能卡并且具有与智能卡上的生物识别模板足够一致的生物识别特征。因此丢失智能卡虽然会造成不便,但是却不会导致其他人冒用你的智能卡进入相关系统。

2005年以来生物识别技术有了很大的发展,而使用这种技术最多的就是商业领域。由于其所提供的便利(以及零售商、银行和其他经营者所提供的一些小的优惠),许多人都愿意采用或接受这种具有侵犯隐私危险的技术。在美国,有300万人经常在超市通过指纹扫描和使用密码的方式购物。在日本有200万人在使用一个通过手掌扫描的自动取款系统。荷兰银行ABN-AMRO即将推出一项使用语音识别验证顾客身份的电话银行业务。这一增长是由相关识别技术准确率的提高所推动的。其原因有二:其一,它们在商业领域成为可行的技术并且也成为政府管理的工具;特别是由于许多商业交易都是在顾客和收款员之间面对面地进行的,而反复付款的人很快就会引起注意,因此错误身份识别(即骗子成功冒充你的生物识别特征)的风险大大降低;其二,这些系统的包容性越来越强。在过去有许多人由于在现实环境中的一些特殊问题而无法被生物识别系统所识别——如老年人、因常年从事体力劳动而手上长老茧的人或眼睛有某种问题的人。他们因此无法享受这些系统的便利,而相关的监视系统也无法识别他们。如今这些已经不是一个大问题了。[17]

生物识别系统已开始在网上得到应用。当然，如果不在计算机上安装专门的扫描仪的话，在网上实时扫描虹膜或指纹会是一件非常困难的事情。但是行为方式生物识别技术的确具有网络应用的潜力。现在似乎可以通过分析人们在键盘上输入口令的方式，或者通过语音识别技术——如今在笔记本电脑上都带有的麦克风——在网络上验证人们的身份。[18]

在消息圈内的人

我们可能担心技术侵犯我们的隐私，但是很多技术既可以被用来侵犯隐私，也可以被用来保护隐私。然而我们必须记住，技术是工具，而不是解决问题的方法。它是由人来使用的，而人比其所使用的系统更容易出错。他们可能会错误地使用这些系统，或者正确地使用系统去做不正确的事情。系统也可能被人们错误地设置。

对于身份认定，特别是生物识别而言，一个关键性的时刻就是系统的初始化。在此过程中人们的生物识别模板被作为确认他们身份的因素存储在数据库或卡中。但是正如弗雷德·派珀（Fred Piper）和他的同事所指出的，在一个人的一生中只有一个阶段我们能够完全信任他有关自己身份的声称：那就是当他仍然通过脐带与他的母亲连接在一起的时候。即使在这个时候，我们对他的身份的确认也取决于他母亲的身份的确认。[19]在此之后的任何一个阶段都存在其他人冒充这个人的可能性，因此有关他的生物识别数据可能实际上是冒充者的。即使经过恰当验证的生物识别数据也可能遭到破坏。人们经常提到的一种身份认定方法就是在人们体内植入可以存储和发送有关其身份信息的微型芯片。但是我们不能排除某个人身上的芯片被通过手术取出并植入他人身上，或者芯片中的信息被通过遥控的方式篡改的可能性。即使我们在一个胎儿仍然通过脐带与其母亲相连的时候提取了他的 DNA 样本，仍然存在这种样本在被送往实验室分析之前被调包的可能性。我们即使采取最准确的生物识别方法，仍然无法绝对确保一个人的身份信息的真实性。

这引发我们对有关增进隐私技术的一个一般性问题的思考：这些技术再先进，也只有在使用得当的情况下才能够达到其目的。我们有关增加隐私技术的所有设想都是建立在这样一个前提之上的，那就是这种技术得到了正确的管理并且其基础结构是可以信赖的。人们经常会讨各种论技术问题：相关设备是否能够正常运作？我们如何才能发现故障？是否会有黑客潜入或破坏我们的系统？但是在实践中更为重要的问题是：这种系统是否能够在现有的人员、资源和激励机制等方面的条件下正常运作？

这种系统的一个重要的方面就是用户。即使这种系统是为了保护隐私而设计的，并且我们认为用户有充分的理由学习并正确使用这种系统，但是我们仍然无法防止他们在使用过程中犯一些基本的错误。之所以会出现这种错误，也许是因为用户对系统不熟悉，或者是没有完全理解其所可能导致的所有复杂而又难以预料的结果。但是我们凭什么要求用户必须熟悉这些系统呢？如果 PET 要成为人们生活中的一个不可或缺的部分的话，那么它们就应该能够为那些受教育程度最低、计算能力最差，以及最讨厌计算机的人群所掌握。即使是那些最反对科技进步的人也应该享有权利。

并且用户如何才能够肯定他们的偏好恰好与他们所使用的系统的行为参数相符呢？例如，他们也许信任某种特定的外部通信方式。他们可能会使用具有保密规则的防火墙。但是很少有用户能够验证这些保密规则是否体现他们自己的偏好。当遇到一个问题（例如，他们的安全证书遭到他们所访问的一个安全网站的拒绝）的情况下，他们是否总是能够确信自己可以从最符合他们偏好的列表中做出选择？

当然他们不能。人的因素在任何保密系统中都是一个弱点。但是这并不是说我们所应该做的就是在系统设计时尽可能排除人的因素。其原因很简单——人本来就是系统的一个基础。系统的目的是保护人。因此任何系统都应该能够容忍人为的滥用和错误。

这种错误可能会达到惊人的程度。在提交给美国参议院政府事务委员会的一份值得注意的证言中，曾经被称为"美国头号通缉的网络犯罪分子"的凯文·米特尼克（Kevin Mitnick）对这种错误作了如下引人入胜的描述：

> 在信息安全方面最复杂的因素就是使用信息系统的人员。在人员安全方面的弱点抵消了人们……在实体安全、网络安全和计算机系统安全方面所做出的努力和所付出的代价。
>
> 社会工程，或"gagging"，被定义为通过欺骗的方法获得情报。公司通过培训使雇员们成为对它们有用的人，在工作场所听从它们的命令。熟练的社会工程师会利用这一特点获得他们为达到其目的所需的信息……我曾经成功地通过社会工程手段打入摩托罗拉公司（一家美国电子公司）。我使用了三个层次的社会工程攻击方法躲避了当时该公司所采用的信息安全措施。首先，我曾经多次说服摩托罗拉运营部门的雇员向我提供他们的网络安全设备口令以及固定PIN号码。这是一件非常了不起的事情，因为他们的网络安全设备口令每隔60秒钟就会发生改变：我每次要非法进入他们的网络系统都必须给运营中心打电话，要求他们给我在当前这一分钟内有效的口令。

第二层次的社会工程就是说服该公司雇员为我激活一个账号，以使我能够使用他们的一台机器。第三个层次就是说服有权进入这些计算机系统的工程师告诉我他的口令。为了打消这些工程师的疑虑，我声称自己是摩托罗拉公司的雇员，并且正在处理一张记录了他为了进入自己的工作站而使用的口令的表格——其实他根本就没有填写过这样一张表格。一旦我进入了这一计算机的系统，我就获得了远程登录目标计算机的机会，而这正是我所要达到的目的。[20]

与此类似，英国一对因非法获得并出售个人信息而受到信息专员起诉的夫妇之所以能够窃取这些个人信息也绝不是因为他们在对付防火墙和安全套接层协议方面有着什么了不起的技能，而是

这对夫妇使用了"坑蒙拐骗"的技术从包括英国税务海关总署、英国电信公司和银行等组织那里获取有关个人的信息。有很多次他们冒充这些组织的雇员并通过欺骗的方法从这些组织真正的雇员那里获得了个人信息。

信息专员办公室所收集到的证据显示，这对夫妇获得了有关不同"受害者"的银行账户信息、所得税信息和不记载于电话号码簿的电话号码。[21]

事实上，由戈登·布朗（Gordon Brown）所领导的新政府所遭遇到的重大危机之一就发生于2007年11月——也就是我们校对本书清样之际——的一个事件。在这一事件中，有2500万人（差不多是英国人口的一半）的个人记录——其中包括国民保险记录和银行账号等敏感信息——在邮寄过程中丢失。英国税务海关总署的工

作人员（违规）将载有有关725万申请儿童福利的家庭的详细信息的光盘通过快递而不是挂号邮递的方式送往国家审计署，结果在邮递过程中丢失了。虽然这些光盘受到口令的保护，但是它们上面的信息没有被加密。在本书写作之时英国税务海关总署署长已经辞职，但是这一事件的政治影响还不是很明朗。无论是否还会有更多的官员会因此而受到牵连，我们必须指出的是，这一系统包括大量的安全措施，它们足以防止这一灾难性事件的发生。但是再好的规则也无法确保自己能够得到遵守。在这个案件中，灾难性事件是由一个低级官员违反相关的程序，通过国内邮政系统寄送载有个人信息的光盘所导致的。我们无法通过立法的方法排除这种缺乏经验或判断力的行为。

很明显，**系统**是分析单元，而非技术。我们需要关注人与技术之间的关系。我们需要最好的技术，但是我们还需要正确使用这些技术。计算机不能为我们做所有的事情。

个案研究：有关隐私管理的各种理论

有关侵扰隐私的行为是出于恶意的说法通常都是错误的。在网络之外的生活中，对隐私的侵扰往往是意外或无意的行为。在网络上的情况也是如此。另外在网络世界中还有一个额外的问题，那就是：有时人们缺乏一个表述自己偏好的准则或方法。如果我不知道某个信息是保密的，那么我就不会采取特别的措施去保护它。为了确保有关我们自己的信息得到妥善处理，我们需要获得相关的工具和语言。

以上这一思路是有着法律背景的。沃伦和布兰代斯的"不受干涉的权利"变成了一个人控制公众对他自己了解的权利。例如，在1980年，经济合作与发展组织（OECD）为在其成员国——它们都是发达国家——就隐私达成共识而发布了一套准则。[22]OECD 担心各成员国中不同的隐私法会妨碍信息的跨国界流动，因此它创建了这些准则，以作为各国在制定有关隐私方面的规则和要求时所应遵循的基本原则。这些准则被证明是极具影响力的。它们成为了大多数有关隐私的跨国界协议和国内法的基础。但是它们的范围一般仅限于要求对个人数据的收集进行限制——这种数据必须是出于某种已经声明的目的而收集的；必须用合法手段收集；它们必须以安全的方法存储；并且只能被用于预先确定的情况之下。

考虑到这些限制，必须使人们在创建电子信息时能够表明其所希望采取的隐私策略。这是有关隐私是一个主观的要求、需要或偏好的假定的一个必然推论。什么是隐私？不同的人对于这个问题有着不同的观点。这意味着相关机构不能简单地认定哪些信息应该是隐私，然后要求所有的公司都去保护它们。必须让人民就什么是隐私，以及希望通过披露有关自己的哪些信息获得哪些好处等问题做出其自己的决定。

为了让读者了解在这方面可能涉及的互动，下面将介绍在这个领域内的两个例子。隐私策略管理系统的一个重要的例子就是，主要的万维网国际标准制定组织"万维网联盟"（W3C）为应对电子商务领域中公司利用计算机和通讯连接收集有关其顾客的信息这一意外发展所制定的"私密优选平台"（P3P）。[23]

cookies是用来跟踪顾客的一种标准的方法。它们是用来告诉网站有关谁在访问它的一些小的数据。网站在用于访问它的浏览器中放置一个cookie。每当这一浏览器再次访问这一网站的时候，它就会将cookie中的数据返回这一网站。这意味着这个网站能够认出一个再次访问的用户。虽然cookie有时被公司用于一些令人讨厌的目的（如有针对性的广告），但是它们也有更为实用和一般性的价值，如使网络购物者能够拥有永久性的虚拟购物筐（一个人可以退出并在晚些时候重新进入电子商务网站，而他购物筐中的内容保持不变）。cookie 并不危险——它们不是什么特别的程序或病毒——但是它们的确能够使别人收集有关一个人在互联网使用方面的信息。我们可以通过设置网络浏览器，使其拒绝 cookie 的方法保护隐私，但是这意味着这样我们就无法进入某些网站（并且每当我们退出一个电子商务网站之后，我们的虚拟购物筐中的内容就会被清空）。

这就是隐私问题的经典类型——接受 cookie 能够带来很多显而易见的好处，而为此所付出的代价却是不那么显而易见。我们无法回避这一问题——在保护我们的隐私和享受电子商务的好处之间，我们只能选择其中的一个。鱼和熊掌不可兼得。而许多公司和网站也并不希望在未经许可的情况下侵扰其顾客的隐私。当然这种信息是很有价值的并且也很容易收集，但是另一方面，负责任的公司不希望惹恼它们的顾客或者因为其不负责任的行为而导致人们放弃网购。

对于顾客来说，如果他们必须不断地改变浏览器中有关是否接受 cookie 的设置的话，那么他们很难做出相关决定或对其进行管理。P3P 是允许网站和浏览器之间就其有关隐私的态度开展较为复杂的沟通的一种语言或协议。这些沟通是自动进行的，而不需要用户在这方面费多大的脑筋。

一个遵守 P3P 的网站在其隐私策略中明确告诉用户它将收集何种信息以及如何使用这种信息。它可以通过 P3P 说明以下问题：

● 它是否会存储用于确认用户身份的信息；

● 它究竟会存储何种信息。例如，这种信息是否包括用户的电子邮件地址或其电脑的 IP 地址；

● 这种信息将被用于何种目的。例如它们是会被用于营销还是仅仅互动的个性化？

- 这种信息是否会被转交给任何第三人；
- 这种信息将被存储多长时间；
- 用户是否可以查看这些信息（如检查这些信息是否正确）。

消费者可以根据自己的标准判断某个网站的隐私政策是否可以接受，并决定是否与之发生互动。这样，如果一个用户将其浏览器设置为禁止将cookie所收集到的有关网络浏览模式转交第三人，但是其所浏览的网站却解释说它将把这种转交另外一个组织，那么浏览器就会拒绝该网站放置cookie。用户还可以提出更为复杂的要求，如除非为了安排上门送货，否则不得透露其家庭地址。很明显，P3P不能"解决"隐私问题——毕竟运行网站的公司可以撒谎。它可以在其隐私政策中声称它将在互动结束之后立即删除相关信息，但是一旦它收集到信息之后就可以将其保存起来并卖给其他人。P3P的设置并不能防止这种滥用。但是它的确为人们提供了一个表达其所能够接受的侵扰其隐私的限度的途径，同时也为网站提供了一个解释其隐私政策的途径。只要大家都以诚信的方式行事，那么所有互动都会满足每个人的要求。

P3P也受到了一些人的批评。有人说它太复杂、太麻烦，并且它只有在人们注意到某种做法会侵害他们的隐私的情况下才起到作用。他们争辩说，建立一个可以被用作底线的独立标准甚至法律，要比P3P好得多。[24]

还有其他就如何表达和协商隐私偏好达成协议的方法。有人提出了一个旨在提高有关信息传送方面的原则的、被称为语境完整性的哲学理论。[25]该理论试图解释人们为什么对某些类型的信息转移方法提出强烈抗议，而对另一些类型的信息转移方法却无动于衷。例如，人们在超市中可以很高兴地推着用金属棍做成的、使其他人对其所购物品一览无遗的购物车到处走动,并且在收银台上将这些物品一一陈列出来而不觉得有任何不妥,但是在网上购物的时候,如果他们发现零售商存储他们所购物品的信息并且将其卖给营销公司的话,他们就会将这种行为看作是对隐私的侵犯。这乍看起来有点奇怪,而语境完整性理论的宗旨就是解释出现这种差异的原因。

这一进路摒弃了有关隐私仅涉及简单的公与私之分的说法,并指出在特定的语境中有关隐私的规范涉及各种不同类型的信息,这些信息类型会随着语境的改变而改变。例如,收集对方婚姻状况的信息在男女刚开始约会的时候是恰当的行为,但是在工作面试的时候则是不恰当的。这一理论假定有三种人与一条信息的运动有关:发送者、接收者和信息的主体。他们在特定的语境中分别扮演着不同的角色(如银行经理、进行面试者、接受面试者、学生等等)。然后这一理论为准确描述这些角色提供了一套词汇(如在特定课程中,教师具有无条件地查阅所有学生的考试成绩的权利,而学生则没有这个权利)。

运用这一理论可以表达非常复杂的有关隐私的正式主张,包括真正有关隐私的美国立法。在这方面它超越了P3P。[26]但是,这同样只是一种讨论有关隐私的规范,而不是其实施的方法。事实上,在这一框架内我们无法声称任何人违反规范。例如这一理论根本就无法描述加利福尼亚的一项要求在有关个人的信息被泄露之后通知相关个人的隐私立法。

隐私管理系统

即使假定相关各方都能够采取诚信的态度,现实世界的复杂性往往也构成了隐私保护的中心问题。[27]位于英国布里斯托尔的惠普受信系统实验室正在开发使公司和组织能够履行其有关隐私的义务的系统。关键问题在于要让那些大型组织承认这些义务，并且将这种承认转化为行动。一个计算机系统要求采取某一行动是一回事，而在现实世界中相关人员（或另一台计算机）是否按照这一要求去做则完全是另一回事。信息系统和管理应该能够协调运作。惠普公司正在开发能够具有以下功能的系统：安全保存数据、在恰当的情况下删除数据、对相关数据的主体进行通知、履行相关的义务、满足人们的期望等等。

隐私政策被编入所使用的信息之中，就像被"粘贴"在了信息之上一样，因此我们称之为"粘性政策"。[28]这种系统必须反映并履行这些义务，并通过监督确保这些义务得到了履行。当然，这种义务管理系统只有在其被整合到范围更广的公司管理系统之中后才能够发挥作用。由于网络世界（包括可能很笨拙的顾客）、大型组织和法律之间的互动关系的复杂性，因此有必要建立三个单独的系统，然后再将它们整合在一起。惠普公司的解决方法包括以下这三个系统：

一、隐私实施系统。它记录数据收集的目的，审查使用数据的目的，征求数据主体的同意，实施由经理或数据主体所设定的数据使用条件。

二、隐私义务管理系统。它管理相关的隐私义务（如销毁数据或通知数据主体）。应该指出的是，这一系统不同于前一系统——无论数据是否有人使用，掌握数据的组织都负有相关义务。

三、政策遵守检查系统。它检查信息技术系统（如上面所提到的两个系统）是否能够充分实施具体的隐私政策（可以用P3P或语境完整性理论等语言表达的政策）。[29]

这一系统看上去非常复杂，但是我们在这里对它进行简单介绍的目的是向读者显示，一个稍微复杂一点的掌握大量数据的组织即使总是以诚信的态度行事也很难不犯错误。隐私偏好这一领域是如此之幽暗，以至于仅仅弄清楚在特定语境中应该怎么做都是一件非常困难的事情。隐私管理系统将是未来公司经理们必不可少的工具。

注　释

1 Charles D. Raab, "The future of privacy protection", 载 Robin Mansell & Brian S. Collins（eds.）, *Trust and Crime in Information Societies*, Cheltenham: Edward Elgar Publishing, 2005, 282-318, 此处在 300-301。
2 "Peaks, valleys and vistas", *The Economist*, 18 Jan., 2007.
3 Whitefield Diffie & Martin E. Hellman, "New directions in cryptography", *IEEE Interactions on Information Theory*, IT-22, Nov. 1976, 644-654.
4 Diffie & Hellman, "New directions in cryptography".
5 L. Jean Camp, *Trust and Risk in Internet Commerce*, Cambridge, MA: MIT. Press, 2000, 85-86.
6 Carl Ellison & Bruce Schneier, "Ten risks of PKI: what you're not being told about public key infrastructure", *Computer Security Journal*, 16（1）, 2000, 1-7, http://www.schneier.com/paper-pki.pdf.
7 Phil Zimmerman, *The Official PGP User's Guide*, Cambridge, MA: M. I. T. Press, 1995.
8 Camp, *Trust and Risk in Internet Commerce*, 87-88.
9 http://www.sarc-wv.com/.
10 The Interagency Working Group on Cyber Security and Information Assurance, *Federal Plan for Cyber Security and Information Assurance Research and development*, http://www.nitrd.gov/pubs/csia/csia_federal-plan.pdf, 41-42.
11 Fred Piper, Matthew J. B. Robshaw & Scarlet Schwiderski-Grosche, "Identities and Authentication", 载 Mansell & Collins, *Trust and Crime in Information Societies*, 91-112, 此处在 92-93。
12 Celeste Biever, "Beat cybercrime, switch to a virtual wallet", *New Scientist*, 1 Apr., 2006.
13 Piper et al., "Identities and authentication", 105.
14 James Meck, "Robo cop", *The Guardian*, 13 June, 2002.
15 Piper et al., "Identities and authentication", 105.
16 Piper et al., "Identities and authentication", 104.
17 "Biometrics gets down to business", *The Economist Technological Quarterly*, 2 Dec., 2006.
18 Duncan Graham-Rowe, "There's no one quite like you", *New Scientist*, 1 Apr., 2006.
19 Piper et al., "Identities and authentication", 110.
20 Kevin Mitnick, Testimony to US Senate Committee on Governmental Affairs, March 2000, http://www.senate.gov/~gov_affairs/030200_mitnick.htm. 另见 Kevin D. Mitnick & William L. Simon, *The Art of Deception: Controlling the Human Element of Secuirty* (John Wiley, New

York, 2002)。
21 Information Commissioner's Office, *Husband and Wife Team Convicted of Obtaining Personal Information Unlawfully*, press release, 14 Nov., 2006, http://www.ico.gov.uk/upload/documents/pressrealeases/2006/married_couple_convicted_of_unlawfully_obtaining_personal_informations.pdf.
22 Organisation for Economic Co-operation and Development, *OECD Guidelines on the Protection of Privacy and Transborder Flows of Personal Data*, 23 Sep., 1980, http://www.oecd.org/document/18/0,2340,en_2649_34255_1815186_1_1_1_1,00.html.
23 Lorrie Cranor, Marc Langheinrich, Massimo Marchiori, Martin Presler-Marshall & Joseph Reagle, The Platform for Privacy Preferences 1.0 (P3P 1.0) Specification, World Wide Web Consortium recommendation, 16 Apr., 2002, http://www.w3.org/TR/P3P.
24 Electronic Privacy Information Center & Junkbusters, *Pretty Poor Privacy: An Assessment of P3P and Internet Privacy*, June, 2000, http://www.epic.org/reports/prettypoorprivacy.html.
25 Helen Nissenbaum, "Privacy as contextual integrity", *Washington Law Review*, 79 (1), 2004, 119-158.
26 Adam Barth, Anupam Datta, John C. Mitchell & Helen Nissenbaum, "Privacy and contextual integrity: framework and applications", 载 *Proceedings of the 2006 IEEE Symposium on Security and Privacy* (SP06), Washington D.C.: IEEE Computer Society, 2006, 184-198, http://www.adambarth.org./papers/barth-data-mitchell-nissenbaum-2006.pdf。
27 Marco Casassa Mont, *Towards Scalable Management of Privacy Obligations in Enterprises*, Hewlett-Packard Trusted Systems Laboratory technical report HPL-2006-45, 16 Mar., 2006.
28 Marco Casassa Mont, Siani Pearson & Pete Bramhall, *Towards Accountable Management of Identity and Privacy: Sticky Policies and Enforceable Trading Services*, Hewlett-Packard Trusted Systems Laboratory technical report HPL-2003-49, 19 Mar., 2003.
29 Marco Casassa Mont, Siani Pearson & Robert Thyne, *A Systemic Approach to Privacy Enforcement and Policy Compliance Checking in Enterprises*, Hewlett-Packard Trusted Systems Laboratory technical report HPL-2006-44, 16 Mar., 2006.

第四章
蛮力的力量：摩尔定律与实践隐匿性

摩尔定律，功能与隐私

在过去二十年中，计算机技术的形象已发生了变化。计算机曾经是一种尖端的、令人兴奋的、科幻小说中所描述的工具。而现在许多人认为它们是一种令人厌烦的东西。例如在英国高校中选修计算机课程的学生的数量在2001年到2006年之间下降了40%。而在美国、加拿大和其他西方国家也出现了类似的下降。[1]与此同时，如今计算机已无所不在，并且改变了我们的生活。

当然在这两个趋势之间有着某种联系。一项仅仅给人以希望的技术可能引发各种积极和消极的猜测。在计算机的主要用途还仅仅是从事各种复杂和重复性计算的时代，一种能够控制我们的生活，替代我们的记忆，并且消除世界上所有纷争的理性思考机器还只是一种有趣的假设。而如今随着计算机在西方民主国家中渗透到人们生活的每个角落，以上这些设想已经成为现实，因而人们也就对它们失去了新鲜感。取而代之的是他们对随意散落在社会各个角落的、各种拼凑在一起的电脑装置的"数字朋克式"的担忧。

这就是所有技术的命运。我们中的有些人至今仍然对《星球旅行》（Star Trek）中"企业号"宇宙飞船上各种令人惊叹的尖端技术记忆犹新：这种飞船的舱门不用手推就会嗖的一声自动开启！机组人员用一个很小的通讯器就可以相互对话！真是不可思议！但是如今还有什么比在任何一个超市都能够看到的自动门更让你感到无聊的东西吗？而科克船长对着神奇的通讯器所说的那些晦涩难懂的胡言乱语也许要比如今大多数人通过手机所传播的陈词滥调更为有趣。

电子计算机是如何在仅仅几十年的时间内就从科幻小说中的神奇机器变成了如此无所不在，如此**普通**的东西呢？导致这一现象的是摩尔定律。在1965年，世界上最大的芯片生产商英特尔公司的创始人戈登·摩尔（Gordon Moore）写了一篇预测未来十年集成电路芯片发展趋势的小文章。根据他的预测，随着时间的流逝，计算机将越来越便宜。他不仅关注电子方面的因素，而且还关注经济方面的因素：

> 集成电路最吸引人的一点就是其成本的降低。随着技术的发展，一个单一半导体芯片上所能够容纳的电路功能越来越强大。对于简单的电路来说，每个元件的成本与元件的数量大致成反比。这是由每个半导体能够容纳越来越多的元件所导致的结果。但是随着元件数量的增加，产量的下降将抵消复杂性的增加，从而趋向于导致每个元件成本的提高。因此在这一技术的发展过程中的任何一个时候都存在一个最低成本。目前当每个集成电路使用50个元件的时候就达到了最低成本。但是在整体成本曲线下降的情况下这一最低成本迅速上升……在五年

之后，当每个集成电路含有1000个元件的时候电路成本达到最低值（条件是这种电路功能可以被较大批量地生产）。根据我的预计，在1970年，每个元件的生产成本仅为今天的十分之一。

以最低元件成本生产的集成电路的复杂性每年大约增加一倍。可以确信，短期内这一增长率即便不是有所加快的话，也会继续保持。而在更长时期内的增长率应是略有波动，但是有理由相信，这一增长率至少在未来十年内几乎维持为一个常数。这意味着到1975年，以最低成本生产的集成电路芯片上的元件数量将达到65 000个。

我相信如此之大的集成电路可以被建造在单个的芯片上。[2]

摩尔的意思是，以单个半导体最低成本生产的集成电路芯片上的半导体元件的数量每年增加一倍。换言之，假定一个芯片的功能与其上面的晶体管数量成正比的话，那么在这一时期集成电路芯片的功能以每年一倍的速度增长。在进一步思考和观察之后，摩尔发现这一成倍增长的趋势仍在继续，但是增长的速度比他预测的稍微慢一些——大约18个月到两年增长一倍。摩尔对于确定目标或做出准确的预测并不是特别感兴趣。他的目的是要指出，电子产品的成本正在迅速地、大幅度地下降。

摩尔有关计算机功能每18个月增长一倍的预言不久就被称为"摩尔定律"。人们之所以对这一定律如此感兴趣，主要有三个方面的原因。首先，虽然摩尔的这一预测是建立在经验之上的，但是它并不仅仅是对过去现象的观察，而是基于对芯片的生产方式以及降低成本的可能途径的深入了解，因此具有预见性。其次，让许多人感到吃惊的是，摩尔定律在1975年以及随后的很多年中一直得到了事实的验证。再次,摩尔定律即使没有被看成是自然规律,也被看成了经济规律,因为微电子行业开始将它用做衡量一个企业成功与否的关键性指标。如果一个芯片生产企业最新生产的芯片功能没有达到它在18个月前所生产的芯片功能的两倍,那么这个企业就会被认为是失败的。

事实上,即使在40年之后的今天,摩尔定律仍然适用。但是如今芯片是如此之小,其上面的电路的密集程度是如此之大,以至于这一行业开始感受到了"量子效应"的影响(它将最终导致摩尔定律的终结或者对计算机技术的物理原理的彻底反思)。摩尔当时所列举的芯片上有数万个电晶体元件,而英特尔公司所生产的最新的一种芯片——双核英特尔 Itanium 2 处理器——上有数十亿个元件。

正是这种计算机功能的大幅度增长——增长幅度达到10亿倍(实际上摩尔定律要求计算机功能每星期增长1%)——才使得计算机成为我们生活中一个必不可少的部分。我们可以想象一下在1965年需要一台计算机用1秒钟来运行的一个计算。在2005年,同样的一个计算,具有同样硬件量的计算机仅需1微秒就可以运行1000次。就数据存储量而言,在1965年用来存储我们这一本书的芯片如今可以存储美国所有学术研究图书馆中的所有书籍。

这一惊人的增长可以导致许多事情发生:大量的信息可以被存储起来。计算机的计算速度达到了无与伦比的程度。信息技术在提高效率方面的作用非常直观——如果一家公司的IT设备无法满足实际需要,那么这个公司IT部门的经理只需要再等上几个月就可以用同样的成本买到功能更为强大的计算机。但是这种功能的增加对于计算机所能够解决的问题意味着什么呢?

人们总是对功能强大的计算机感到担忧,但是这些担忧大多数都是没有根据的。在20世纪60—70年代曾经出现过一种很有影响力但是不太可信的哲学思想，那就是：既然人体基本上只不过是一台极为复杂的计算机，那么达到相同复杂程度的机械计算机最终会获得曾经被认为只有人类才具有的属性（如情感、解决问题的技能以及邪恶感）。在阿瑟·C. 克拉克（Arthur C. Clarke）的科幻小说《2001：太空旅行》（*2001：A Space Odyssey*）中，一台名叫HAL的智能计算机意识到自己即将被关闭。为了阻止这一情况发生，它杀死了许多人。

当然这种事情并没有发生——人类和计算机在许多方面还是有着很大的差别的。靠强力驱动的计算机能够在浩瀚的数据中找到其所需要的东西，这种功能虽然极为有用，但也会导致很多问题。计算机领域的进展使我们能够找到很多原本无法被找到的信息。这在许多情况下都是非常重要的，但是对于隐私来说却不是一件好事。虽然它们也许很普通，但并不是无害的，因为它们威胁到了隐私的一个虽然是非正式的，但却是很重要的防线——**实践隐匿性**（practical obscurity，指纸基公开记录的不易获取性）。

信息的收集——实际上就是使人际交往所留下的痕迹永久化的尝试——以各种方式改变了我们的社会。查尔斯·狄更斯（Charles Dickens）的著名小说《荒凉山庄》（*Bleak House*）就是对19世纪隐私发展背景的一个很好的描述。它讲述了一个大家族中的整整一代人由于卷入错综复杂的"贾迪斯诉贾迪斯"案而家破人亡的故事。故事中有几个人物的隐私因为卷入这一诉讼而遭到了侵扰。例如，其中的两个年轻人需要获得法院的允许才能够与他们的监护人约翰·贾迪斯（John Jarndyce）生活在一起，其中一人甚至连改变职业也需要申请法院的批准。

在这一背景中潜伏着更为险恶的力量。一个看上去很小的事件引起了像魔鬼一样邪恶的律师图金霍恩（Tulkinghorn）的注意。他开始调查此事的原因。在这一事件的背后隐藏着多年的隐瞒和罪过，而图金霍恩为解开这一秘密所需要的信息就隐藏在存放于某个地方的某些文件之中。然而当时的制度结构是如此之混乱，以至于这个律师为解开这一秘密而收集相关信息的过程就像侦探故事一样扑朔迷离。该书中人物之所以能够保持其私密空间的完整性，只不过是因为其他人缺乏将有关他们的各种杂乱的信息组织成为一个清晰的有机整体的手段。只有像图金霍恩和古皮（Guppy）那样掌握必要技能的人才能够查找到这些信息——即使是这些人也只有在坚持不懈地搜寻相关信息的情况下才能够达到目的。

以上这个例子很好地说明了作为保护隐私的一个重要因素——实践隐匿性。信息的存在是一回事，但是如果信息是以一种很难为人们所发现的方式存在的，那么从这些信息中获得重要知识就完全是另一回事。《荒凉山庄》在出版一个半世纪之后仍然是有关信息的力量的最伟大的一本书。它揭示了由实践隐匿性所提供的对隐私的保护是多么的脆弱。

蛮力攻击

摩尔定律是如何破坏实践隐匿性的呢？让我们首先举一个属于典型的人类技巧的例子——国际象棋。计算机科学家总是将国际象棋作为一项重要的任务。这主要是出于两方面的原因。首先，至少在公众的眼中，它被与人类智慧联系在一起。只有聪明的人才下国际象棋，而越聪明的人在这方面的技巧也就越高。其次，它是一个具有良好结构的技巧。在任何一个阶段，两位对手的目标都是很明确的。并且他们所能够走的棋的数量可以被制作成一个简短、明确和易于处理的列表。一步棋要么是符合规则的，要么是不符合规则的，不存在模棱两可的情况。因此诸如艾伦·图灵（Alan Turing）等计算机领域的先驱都认为国际象棋是测试计算机智能的一个很好的工具。

一个人在下国际象棋的时候很难确保获胜。在一局棋的任何一个阶段，每一步棋平均都有 20 种左右的走法。在整个一局棋中，每一方平均能够走 25 步棋，也就是说，双方一共能走 50 步棋。因此，从第一步棋算起，一局棋中可能会出现 20^{50} 种不同的棋局（这只是一个大致的估计，实际情况可能会比这更多）。这是一个非常庞大的数字，大约是一个"1"后面加上 65 个"0"。如果你用一秒钟考虑每一个棋局的话，那么直到宇宙终结的时候你也只能完成其中的一小部分。

那么人们是如何下棋的呢？我们是用智能的方法下棋的。我们不会考虑那些愚蠢的走法。我们会使用策略，发现好的走法，并会估计对方所可能采取的应对方法。让我们考虑一下可以看到下五步棋所可能发生的棋局（非常聪明的棋手是能够做到这一点的）的棋手的情况。如果还是假定每步棋有 20 种不同的走法的话，那么他所要考虑的棋局的数量大约为 20^{10}（这也是一个非常巨大的数字：10 240 000 000 000）。但是他不会考虑所有可能出现的情况，而只会认真考虑 20 多种可能出现的棋局。

当计算机还处于傻大笨粗的发展阶段的时候，它们没有足够的智能去筛除不可能的走法，也没有足够强大的功能去考虑所有的可能的走法。因此它们在与人类对弈的时候往往会输掉。但是它们的水平在不断提高。迪特里希·普林兹（Dietrich Prinz）于 1951 年所编写的国际象棋计算机程序够解决一些简单的问题，它只走两步就被对方将死了。在 1956 年，MANIAC 1 计算机可以在没有两枚"主教"棋子的情况下在6×6的棋盘上下国际象棋。它走4步棋用了12分钟。1958年，一台计算机首次在国际象棋比赛中击败人类对手。但是它的这个对手只是在与它对弈之前1小时才学习了象棋规则。

1966年MAC HACK VI计算机进入了马萨诸塞州业余象棋锦标赛。它是进入国际象棋联赛的第一台计算机，成绩是一平四负。在第二年它战胜了第一位人类对手。到了1967年底，它4次进入联赛，成绩是3胜3平12负。10年之后，最好的计算机已经是很厉害的棋手了：其中一台计算机在快棋比赛中第一次战胜了一名国际象棋赛大师；另一台计算机在明尼苏达公开赛中以5胜1负的成绩夺冠。在1988年计算机首次在联赛中击败象棋大师。到了20世纪90年代初，包括世界冠军加里·卡斯帕罗夫（Garry Kasparov）在内的顶级棋手也会偶尔成为计算机的手下败将。在1996年，卡斯帕罗夫在联赛中与一台名叫"深蓝"的计算机对弈，他输掉了一局棋，但是以4∶2的总比分战胜了"深蓝"。但是"深蓝"在于1997年举行的六局棋的复赛中战胜了卡斯帕罗夫。一台计算机最终战胜了世界上最优秀的国际象棋大师。如今在国际象棋比赛中高端计算机与人类选手相比已具有明显的优势：在2005年的一场六局棋的比赛中，一台名叫"九头蛇怪"的计算机以5.5∶0.5的比分战胜了世界排名第7的棋手迈克尔·亚当斯（Michael Adams）。[3]

随着计算机象棋软件设计人员经验的增长，他们所编制的软件也将越来越好。但这并不意味着计算机程序比人更聪明。它们只不过仍然像以前一样以很笨拙的方法搜索所有或者大多数可能的走法。那么它们是怎样靠着这种笨拙的方法战胜人类棋手的呢？

伴随着计算机的这种笨拙方法的是蛮力。卡斯帕罗夫在3分钟内能够考虑10种不同的棋局。而在1996年"深蓝"尽管输给了卡斯帕罗夫，但是它在 3 分钟内能够计算出 500 亿种不同的棋局。由于摩尔定律的作用，如今计算机的计算功能与 1996 年相比已经增加了 100 倍。由此我们也可以看到卡斯帕罗夫的人类智能和技巧是多么的了不起：尽管他的思考速度比计算机慢 50 亿倍，但是他仍然在联赛中战胜了计算机。但是蛮力最终会取得胜利。

我们不能低估蛮力攻击法的巨大的力量。在密码学中，无论我们所使用的秘密多么的巧妙，我们总是应该考虑到蛮力攻击的可能性。蛮力攻击就是通过尝试所有可能的密钥的方法对信息进行解密。一般而言，用蛮力攻击法破解一个密码所需的尝试次数与密钥数量的一半（平均值）成正比。对于美国标准 DES 编码的 2^{56} 个可能的密钥而言，平均需要尝试 2^{55}（36 028 797 018 963 968）次才能够找到真正的密钥。任何比强力攻击需要更多时间的方法都不值得加以考虑。因此界定"密码破译"的方法之一就是比蛮力攻击更好的方法。对于某一特定的密码而言，蛮力攻击的方法可能太费时间。在这种情况下如果没有比蛮力攻击更好的方法的话，那么这种密码就是无法破解的。但是随着计算机功能的日益强大，蛮力攻击方法的效果越来越好，因而在这方面的目标总是在不断发生变化。

例如，在 20 世纪 70 年代 DES 刚刚被开发的时候，要破解它所需的 2^{55} 次尝试超出了任何人的技术能力。然而，在 1998 年，一个名为"电子前沿基金"的倡导公民自由的美国私人组织使用一台名为"深裂"的配备了专门硬件的计算机只用了 56 个小时就破解了这一密码。这导致几年之后 DES 被 AES 所取代。[4]

数据挖掘与网格

摩尔定律使我们能够从我们的计算机，尤其是——在隐私语境中——从我们所能够储存的越来越大量的**数据**（这也要感谢摩尔定律）中，获得比以前多得多的东西。各种组织和官僚机构总是希望获得尽可能多的信息，因为它们所掌握的信息越多，它们对于这个世界了解得就越多。但是我们需要从信息库中获得的信息是与**知识**十分近似的**有用**的信息。[5]从数千个超市自动收款台上所收集到的信息可能是很全面的，但却是无用的。我们真正所需要的是能够从这些信息中得出的推论。例如，这个品牌的豆类销售量下降了；这个牌子的啤酒销售量与那个牌子的巧克力的销量之间存在某种联系；等等。根据这些推论我们可以采取相应的行动。我们所需要的是从嘈杂的数据中提取出这些微弱的有用信号。

从巨大的数据集中提取有用的信息的过程被称为数据挖掘。[6]它是计算机科学、统计学和信息检索这三个学科结合所产生的一门复杂的学科。大量的数据使我们能够发现非常偶然的关系或者非常低的几率。例如，我们可以想象某种药物可能具有非常罕见的、有害的副作用。其发生概率为万分之一。这种副作用在临床测试阶段很难被发现。如果被发现的话，它的发生率看起来要高于实际情况（假设在1000名参与测试的人中有2人出现了副作用，那么副作用的发生率似乎为0.2%，而不是实际的0.01%）。但是在这一药物被使用了数年，并且有关其使用情况的数据被收集之后，我们就会有足够的样本来发现很小的可能性以及那些出现罕见副作用的人所具有的共性。这样，我们最终能够发现某个副作用与某种基因或生活方式有关。这一信息对开处方的医生很有帮助。如果没有从庞大的数据库中挖掘有用信息的巨大的努力，我们就不会发现这种副作用以及缓解这种副作用的方法。

数据挖掘在科学、商业、政府管理和公共健康方面极为有用。但是当一种方法能够从大量信息中总结出某种模式的话，那么它很明显也会对隐私构成威胁。在无法总结出模式的情况下，单条信息几乎是毫无用处的。行为模式可以揭示一个人有婚外恋，是某个政党的成员或者信奉某一宗教或邪教。某个人偶尔走过一个教堂并不说明他是这个教堂的成员。但是如果他每个星期天都出现在某个教堂附近的话，那么我们就会有更多的理由相信他是这个教堂的成员了。数据挖掘可以让我们发现隐藏在原始数据中的各种模式。[7]

但是数据挖掘仍然是一项具有挑战性的任务——有用数据在原始数据中所占的比例可能非常小。例如，让我们假定数据挖掘的任务是在某人的硬盘上搜寻犯罪证据。让我们再假定这一犯罪证据的信息量非常大——它可能是长度为大约一兆字节的恐怖活动手册。如果用小四号字在 A4 大小的纸张上单页打印的话，这一手册打印出来大约有 1.3 英寸厚。一个 G 字节的数据打印出来有 110 英尺高；而 263 个 G 字节的数据——相当于 4 个笔记本电脑中所存储的信息——打印出来有珠穆朗玛峰那么高。要在如此庞大的数据中找出相关和"令人感兴趣"的材料是一项非常艰巨的任务。

在一些地区，由信息收集系统所收集到的信息量太大了，以至于无法由一台计算机单独进行有效的处理。另外在世界上有大量闲置的计算机能力——大多数计算机或者什么事情都不做，或者做一些远远不能发挥其潜在能力的工作，如文字处理或收发电子邮件。开发闲置计算机能力的一种方法就是将许多计算机链接在一起，让它们像单一一台计算机那样工作。这使得一些大的组织能够充分利用组织中的闲置计算机能力，从而使其工作流程更加灵活。但是更为重要的是，这种方法还可以将各自独立的计算机套在一起共同完成某一项任务。[8] 为完成这一任务所需的计算工作被分配到一个"网格"（grid）的各个计算机上。"网格"一词有两重含义：一系列平行连接的物体；可以在用户不知情的情况下从各种异质源中获得的明显同质的能力（就像电网一样）。

使用其他计算机闲置资源的最著名的例子就是"SETI@home"。使用者可以将其作为屏幕保护程序下载。每当计算机处于屏幕保护状态的时候，SETI 就控制计算机的一部分处理能力，用以搜索通过电子望远镜接收到的来自太空的信号，以寻找可能解释智能外星生命形式的规律性（SETI 是"外星智能探索"的简称）。[9]也许并不令人感到意外的是，他们到现在为止仍然没有找到"小绿人"的踪迹，但是这种搜寻仍在继续。由于摩尔定律仍然在起作用，可供 SETI 使用的计算机能力甚至使这一项目得以改进其分析分辨率，并推出了"SETI@home 增强版"。[10]而所有这些都是在参与这一项目的志愿者在使用其计算机的时候所察觉不到的背景之中发生的。

网格计算机的使用是增加数据挖掘能力的众多方法之一。事实上，如果能将数据与价值和含义的机读描述结合起来，那么这种网格功能就会变得更为强大。所谓的"语义网格"（semantic grid）就是旨在实现计算机资源协调工作的更强大和更为有效的自动化，以解决大规模的问题。[11]

数据库的合并

数据库就是有组织或有结构的数据集合。数据的结构化存在一些缺点，其中最明显的一个缺点就是用于组织数据的分类很难与我们所理解的类别相对应。填写数据库表格往往是一件烦心的事情，因为填表人往往会遇到一些似乎不适用于他的问题。例如，有关个人情况的表格往往会将年收入分为几个类别（如低于 1 万美元；1 万—2 万美元；等等），并要求填表人选择其中的一类。但是个体经营者的年收入变化很大，因此往往无法将自己归入表格中所列的任何一类之中。人们填入表格中的信息会被直接输入进一个计算机中，而过细的分级或特例会使计算机难以操作。其结果是我们生活中的一些细节被省略掉了。

但是预先制定的、刻板的结构最大的优势就是它可以方便有效地搜索、排列和进行其他类型的数据挖掘。一旦建立了数据结构，我们就可以比较容易地从中发现我们所感兴趣的关系。为此我们所付出的代价就是不得不将信息塞进预先制定的表格之中，从而导致信息的不准确性。但是这一缺点与我们能够从数据中获得知识（有用的信息）这一额外价值相比是微不足道的。

这一方法所带来的另一种挖掘数据价值的可能性就是我们可以将结构化的数据合并在一起，从而在事实上得到一个可以用常规方法挖掘的分散化的单一大数据库。这听上去并不是一个很大的进步——对所有数据库逐一进行挖掘不也一样吗？

问题在于，不同的数据库是根据不同的原则运作的，而且它们对于相同的事物往往使用不同的类别和术语。即使不同数据库使用相同的原则、类别和术语，从一系列数据库中获取信息也需要多次仔细的搜寻。从一系列数据库中提取有用的信息并不是不可能，但是非常困难。将各种数据库合并在一起使原先费力的分散搜寻变得**容易可行**。虽然计算机在理论上可以做很多的事情，但是起决定作用的是可行性。

例如，在 2007 年 1 月，英国政府曾考虑改革"过分热心"的数据保护法，认为该法妨碍了政府各部门分享有关其公民的信息。政府并没有计划增加其所收集的信息的总量，而只是想使各政府机构能够共享信息。这一改革也会给公民带来便利——一位部长举了以下这个例子说明改革的必要性：有一个家庭为了向政府报告一起死亡事件而不得不打了 44 个电话。[12]

这听上去都是很好的理由（虽然有关死亡的数据并不是受保护的隐私，但是不知为何政府部门间不能分享此信息）。然而在政府各数据库之间分享信息会大大增加政府的能力——否则英国政府也不会提出这一计划。仅仅将税收和福利这两个数据库合并在一起就可以使政府发现各种可以进行调查的矛盾之处——而其中许多并不是有意造成的。

有一点经常被人们所忽略，那就是政府并非不会犯错误。事实上保护我们免受极权主义侵害的最好的途径之一就是政府的相对无能。在一个孤立的数据库中，由于表格填写错误等原因所导致的有误导性的信息可能是无害的。但是如果将数据库链接在一起的话，这种错误就会扩散到政府的许多部门之中。如果一个人的年收入是2万英镑，但是在录入的时候被错误地写成了20万英镑，那么这一错误将会影响他与政府之间的很多互动，如果与其他信息结合起来（如他在上一年度缴纳了2000英镑的税，或者他申请了5000英镑的福利）就可能对他产生非常不利的影响。

这些合并数据库中的信息一旦落入私人之手，后果就更为可怕。在1994年，美国一位名叫梅甘·坎卡（Megan Kanka）的年轻女孩被居住在她家马路对面的一个曾因性犯罪而被判过刑的男子残忍杀害。在这一案件发生之后，有许多州以及联邦政府都出台了以这位受害者命名的"梅甘法"。该法事实上要求政府部门向社区居民公布生活在其社区中的、曾因犯罪而被判过刑的人的行踪。

随着美国政府相对透明度的增加，我们可以了解很多有关生活在我们社区中的犯罪分子的情况。如果一个人有充分的动机的话，那么他可以收集到所有这些信息。但是他需要搜索多个数据库，而这些数据库可能还需要登记才能够访问，并且有些数据库可能还没有计算机化。总的来说，要获得全面的信息还是相当困难的。但是如果这些数据库被合并在一起的话——正如我们在下文中所要看到的，实现这种数据库合并的技术如今已经存在——那么发现生活在我们身边的强奸犯将是一件轻而易举的事情。不可否认，这对于担心孩子安全的父母来说是很有价值的，但是这也会导致居民自发组织的各种在法律之外维持治安的行为。

自然语言处理

计算机在理解人类动机和交流方面的能力很差，而这正是隐私保护的一个重要因素。当我们在一个数字媒体（如网页）上使用自然语言的时候，我们还能够保留一些隐私，因为计算机虽然能够搜索和复制网页中的内容，但是却不知道这些内容是什么意思。它无法在赞扬政府或者诋毁政府的文章之间做出区分。

搜索一个文件的通常方法就是在谷歌中用关键词搜索，但是这些搜索的方法不能告诉你多少有关这个文件的内容。用谷歌搜索"bush"一词可以得到222 000 000个结果。但是这一搜索引擎无法告诉你它所搜索到的内容是关于美国的两位布什总统中的一位、一位名叫布什的音乐家、一种灌木、一种金属轴套，还是"bash"一词的误拼。如果你所搜索到的网页是关于一位名叫布什美国总统的，但是这一搜索也不能告诉你它是关于哪一位布什总统的，以及它对这位总统所采取的态度是支持、反对还是中立。

这是由于自然语言不能为机器所读懂：计算机并不理解网页上的内容。自然语言是按照英语、法语或其他语言的语法建构的，但是网页上的内容是没有结构性的，因此计算机无法看懂。然而，随着计算机功能的日益强大，如今人们已经开发出阅读文本并从中提取信息结构的统计技术。这种技术（总称为自然语言处理技术）需要有用于学习的庞大的自然语言语料库以及用于对重要的语言结构做出猜测的巨大的计算功能（如今这两个条件都已具备，这还要感谢摩尔定律）。

因此，例如"George Dewey Hay founded the Grand Ole Opry."（乔治·杜威·海创建了乡村老大剧院）这样一句话对于计算机来说就像"Kelvin eats arichokes."（凯尔文吃洋蓟）或"ailrghfaerghewodfdndf"一样都是没有意义的字符串。就这个句子而言，我们可以告诉计算机，"乔治·杜威·海"是一个人；"乡村老大剧院"是一个物；"x 创建了 y"表示两种事物之间的某种关系（我们甚至还可以进一步告诉计算机，y 在 x 创建它之前是不存在的）。但是我们不能每一句话都这么教计算机。另外自然语言也太灵活了，这种方法不能得到广泛使用。

但是如果有充足的数据的话（仅互联网上就有 2 万亿个词），聪明的自然语言处理程序可以在经过操作人员的训练之后通过**统计分析**从句子中提取所有重要的结构。这种方法实际上使得计算机能够将一段无法机读的纯文本文字转化为可以机读的数据库。就像所有这种技术一样，自然语言处理技术所能够带来的益处是巨大的，但是它也会使原本隐秘的交流领域暴露在他人的监视之下。[13]

终生记录

另一个被摩尔定律改变目标的领域就是个人的记忆。现在一个普通人所能够制造和存储的信息量是非常巨大的。人们能够将越来越多的人生经历用电子形式保存下来。人机互动专家艾伦·迪克斯（Alan Dixonce）曾经开玩笑地说，只要有每秒钟 100k 字节的录制速度就可以制作高质量的音像资料了。让我们假设某个人在他或她的头上安装一个摄像头连续拍摄70年。那么由此所产生的录像需要27.5T（1T＝1024G）字节的存储空间，或者450个容量为60G的iPod。[14]如果在今后20年中摩尔定律仍然有效的话（我们承认对此我们毫无把握），那么在20年后我们可以将连续记录一个人整个一生过程的录像资料存储在一块方糖大小的存储器上。[15]

将人生经历记录下来并且用数字形式不限量、无限期地存储起来的能力被称为"终生记录"现象。这是一个重要的跨学科研究领域。我们需要知道它将如何影响我们的社会和政治生活以及我们的心理记忆。我们还需要知道如何设计相关设备才能够从这些技术进步中获得最大的益处（而不是被随之而来的信息大潮所淹没）。[16]

但是在这一领域就像在其他领域一样，这一项技术进步既能够给我们带来更多的便利和乐趣，也能够在许多方面使我们的隐私受到侵犯。毕竟有关你的照片和文件可能会出现在别人的存储器中。我们经常会看到有人恶意地在网上公布他们的前女友或前男友的不雅照片（在2007年7月，我们用"前女友裸照"这一关键词在谷歌中搜索找到287 000条结果；而用"前男友裸照"搜索则找到了271 000条结果）。你很可能会出现在由一个完全陌生的人所拍摄的照片的背景之中。如果你看一下视频分享网站YouTube就会发现，有关你的窘态的视频可能会在你不知情或无法控制的情况下被传播到世界各地。便利的存储方法与强大的计算能力的结合一方面使我们能够获得许多信息（这是好的方面）；但另一方面它也使别人能够轻易地了解我们生活中原本属于隐私的某些方面（这是不好的方面）。有时人们会主动暴露自己的隐私；有时人们会为了某些利益而放弃自己的隐私。但是有时他们则是无辜的受害者，因为他们在错误的时间出现在了错误的地点。而在这种情况下，他们很难保护自己的隐私。

实践隐匿性的终结

在本章中我们讨论了摩尔定律所导致的技术进步，包括对加密信息的破译、数据挖掘、电子科学、数据库的合并、自然语言处理以及终生记录。它们都是重要和有用的技术，并且它们都依赖于强大的计算能力。

这些技术的共同之处在于它们都会使数据公开，使原本不透明的东西变得透明（对于机器而言）。它们所能够提供的信息大部分是原本已经存在的——它们或者以隐含或者加密的形式存在，或者被存储在别人难以发现的地方。在这些技术出现之前，隐私是通过**实践隐匿性**加以保护的。在分散的纸基记录的时代，由于查找信息（这种信息是否存在还是个未知数）所需的努力太大，因此很少出现严重滥用信息的现象。举个例子，一条信息一旦被放错了地方，那么我们在庞大的信息库中就很难再找到它，就好像记载它的纸张被烧毁了一样。[17]

这种在纸基时代作为一种物理事实存在的实践隐匿性是在我们的隐私、我们对信息的需求、政府和公司在效率方面的需求以及法律和技术之间所形成的微妙平衡的一个重要组成部分。摩尔定律在不断地侵蚀着实践隐匿性。我们的隐私法趋向于将信息看作是一种很难找到的东西。计算能力也许不会在很大程度上改变隐私保护所涉及的原则，但是它却大大地改变了对隐私保护的**需求**。

个案研究：科学、犯罪与数据

随着数据挖掘工具的日益强大，大型数据集已经成为主流。处理大量数据的能力改变了科学的面貌。在本书写作之时,全世界物理界正屏住呼吸,等待来自欧洲核子研究组织(CERN)位于瑞士的"大型强子对撞机"(LHC)的大量数据。该对撞机的目的是获取有关高能原子对撞的信息,为证明诸如希格斯玻色子等被当代物理理论所预测,但从来没有被观察到的奇异的亚原子粒子的存在提供证据。它每年可以产生15P(1P = 1024T)字节的信息。如果要将这些信息打印出来的话,那么生产其所需的打印纸就需要消耗1500万棵树。这些信息相当于全世界一年内所产生的办公文件的总和,或者全人类每年所产生的信息量的1%。[18]

科技信息化,即通过搜集和处理大量数据开展的科学研究,在许多国家中已成为主要的研究课题。大型计算机和计算机网格被用于处理数据。有许多严肃而有趣的研究问题都涉及协调分散的计算机资源,确保不同的计算机相互分享可能敏感的数据,以及为开展科技信息化研究项目而创建虚拟组织等问题。例如 CombeChem 项目建立了一个底层计算平台(从大型数据处理计算机到电子实验室的笔记本电脑)用以分析各种具有密切联系的化合物,以确定它们的性质,并探索如何将它们用于开发新的药物。[19]

到目前为止一切都很好。希格斯玻色子虽然神秘莫测,但是它毕竟不涉及隐私问题。但是科学也需要有关人的数据,而人关心隐私问题。例如,有关药品试验的研究涉及对个人数据的收集。这些数据可能包括有关性偏好等生活方式以及某些疾病的遗传几率等基因方面的信息。这些数据显然要比 LHC 的信息更为敏感。

随着科学和医学的发展,信息收集往往会超出诸如临床或其他试验这类特殊目的的范畴。由于摩尔定律的作用,如今我们已经能够很详细地了解背景人口的结构。在通常情况下,试验和分析是通过抽样和统计的方法开展的:首先对从广泛的人口中所抽取的随机样本进行分析，然后统计学就可以告诉我们随机样本的结构反映整个人口结构的概率。如果样本中有44%的人体重超重，那么在考虑到了样本的规模和人口估计规模之后，统计学就可以告诉我们：总人口中有41%—47%的人超重的可能性为99%。随着随机样本的绝对数量及其占总人口的比例的增加，样本结构反映总人口结构的可能性也会增加。

摩尔定律已经使我们能够将样本的规模几乎扩大到整个人口。最近出现的一个创新就是生物库，即人体组织或DNA样本的储藏库以及医学信息和测试结果数据库。生物库变得越来越重要，一部分原因在于它们能够为我们提供越来越多的有用信息，另一部分原因在于医学研究人员越来越认识到疾病和治疗的模式与个人之间的联系比原来想象的更为密切。目前医生所开的药片或药水大多数都属于"一个尺度适用所有人"的情况，即对所有患有同样疾病的人使用同一种药物。但事实上由于不同的个人在基因和环境方面的差异，许多疾病都需要采取个体化的治疗。而要配制个体化的药物，我们就必须对基因在疾病的发生和治疗方面的作用有更为深入的了解。

这些生物库大多数是由政府所主导的。"英国生物库"于2006年开始从50万名志愿者那里采集有关其生活方式和健康的信息以及他们的血液和尿液样本。研究人员可以对这50万人进行跟踪调查，以了解癌症、糖尿病、心脏病和老年痴呆症等疾病的进展情况。[20]创建于2002年的"新加坡人体组织网络"旨在建立一个（有疾病的和健康的）人体组织和DNA样本档案。[21]而瑞典的"卡洛林斯卡研究所"也建立了一个样本档案。[22]前者接受捐赠并包括临床试验和测试的结果，而后者为研究人员存储人体组织样本，但是它也计划像英国那样对50万人开展为期30年的跟踪研究。事实上，瑞典在生物库方面是一个先行者，并且掌握了所有公民的血液或组织样本。冰岛、魁北克和日本也一直在几代人中坚持不懈地收集血液和组织样本，而没有引起太大的注意。

不用说，这些生物库都涉及隐私问题。各种生物库都试图让捐赠者相信他们所捐赠的样本是安全的。英国政府告诉我们说：

> 数据和样本仅会被用于在道德和科学上被认可的研究。这些研究在诸如征求实验对象同意、保密和数据安全等问题上都必须遵守《道德和治理框架》并且受到一个独立的理事会的监管……[23]

新加坡在隐私方面的态度与欧洲和美国相比要稍微宽松一点。它宣称：

> "新加坡人体组织网络"承诺，它将在保护捐赠者隐私和保密方面遵循最高的标准。我们的运作标准和政策的基础是知情同意的原则。根据这一原则，参与者/捐赠者可以与寻求他们同意的一方进行对话。所有医疗信息都通过一个样品编码和匿名化系统加以保密。
>
> 我们确保有捐赠意向的人明白他们的捐赠完全是出于自愿的并且与对他们的诊断相比在性质上属于次要的。
>
> 人体组织库准则遵循新加坡生物伦理顾问委员会的准则。该委员会是由卫生部所委任的一些受到人们尊重的舆论领袖，其任务是研究人类生物学研究中所涉及的伦理、法律和社会问题。该委员会与一个国际顾问小组密切合作，共同为新加坡生命科学部级委员会制定和推荐相关政策。[24]

在瑞典：

伦理对于与生物库有关的研究是至关重要的。样本和相关的数据只能被用于在伦理和科学方面获得批准的项目，并且非常强调个人同意和信息。已采取强大的保障措施防止对样本和数据未经许可的使用。[25]

以上这些承诺都让人听上去感到非常放心，只是瑞典人曾经在对一起刑事案件的调查过程中利用管理制度上的一个漏洞从全国生物库中提取了重要的信息。他们所调查的这个案件是一起大案，即2003年瑞典外交大臣安娜·林德（Anna Lindh）在一家百货商店被一名患有精神病的持刀歹徒谋杀的案件，但是政府的做法明显违反了保密原则。他们通过将在犯罪现场找到的血液和头发和与生物库中的样本进行比对的方法找到了凶手。另外还有其他证据（包括监控录像、以前的犯罪记录以及严重精神病史），并且凶手还向亲友承认了犯罪事实。警察在监视了他很长时间之后将他逮捕。巨型数据集的一个重要的特点就是它们不能被用于随机搜索。如果你想将一个样本与生物库中的所有数据进行比对（这是谁的DNA？）的话，那么即使使用今天功能强大的计算机也太费时间，并且也太容易出错。但是如果你只是将某个样本与生物库中少数几个记录进行比对（这个DNA是否属于这个人？）的话，那么事情就要容易得多。生物库本来是不能被用于刑事调查的，但是到了关键时刻，生物库官员发现，在这样一个引人注目的案件中，他们无法拒绝警方的要求。后来瑞典临时修改了相关的法律，以允许生物库的DNA被用来确定东南亚海啸中瑞典遇难者的身份。[26]在以上两个例子中的相关做法都违背了有关生物库信息使用的明确共识。

以上这两种对生物库信息的始料未及的使用也许会对我们有关公共利益和履行有关保密的承诺的重要性的直觉提出了挑战。避免这一问题的一种方法就是对生物库采取匿名制。毕竟对于生物库而言，重要的是确保某个记录中的人体组织、血液和DNA样本来自同一个人，并且相关个人的生活方式、年龄、性别和医疗和病史被正确录入并被与正确的样本联系在一起。而确定个人身份则并不是必需的。这种做法可以解除人们在隐私方面的一些担忧。但是如果这样的话，警方就无法通过凶手在安娜·林德的谋杀现场留下的DNA来确定他的身份，那些东南亚海啸的受害者的身份也无法得到确认。匿名制还会排除生物库的其他一些潜在的用途，如研究人员在发现具有某种基因的人容易罹患某种疾病的情况下也无法对其提出警告。

英国DNA数据库

一些科学数据库是无法实现匿名制的，因为它们的目的要求保留姓名。也许在这方面最明显的就是用于对付犯罪的数据库了。英国政府于1995年建立的DNA数据库包含大约4百万的记录，其中超过50万个记录中的DNA来自不足16岁的儿童。2003年通过的《刑事司法法》允许警方在逮捕一个涉嫌实施了可留案底的行为（如酗酒滋事、参加非法示威活动，等等）的人的时候——而不必等到提出指控的时候——提取其生物样本。不管被提取样本的人后来是否受到指控或是否被定罪，这些样本都将被永久性地保存起来。在英国有37%的黑人和数万名从来没有被指控犯罪的儿童都在数据库中留下了记录。这一数据库很显然会引起人们有关隐私的担忧，但是它也具有很明显的价值：通过DNA比对，警方每个星期都可以将数据库中的数据与1600个犯罪嫌疑人或者犯罪现场联系起来。DNA鉴定的发明者争辩说，DNA数据库应该由一个受到各方信任的第三方机构来保管，以防止警方的滥用。他还提出了一个更为激进的建议，那就是该数据库应该包括英国所有人的 DNA，以防止对某些在数据库中所占比例过大的群体的歧视。[27]

注　释

1 *International Perceptions of the UK Research Base in Information and Communications Technologies*, research report, Engineering and Physical Sciences Research Council/British Computer Society, Dec., 2006, http：//www.bcs.org/upload/pdf/ICT-International-Review-Final-Report.pdf.

2 Gordon E. Moore, "Cramming more components onto integrated circuits", *Electronics*, 38（8），19 Apr., 1965, ftp：//download.intel.com/museum/Moores _ Law/Articles-Press _ Releases/Gordon _ Moore _ 1965 _ Article.pdf.

3 以上这些具有里程碑意义的事件均摘自 Bill Wall, *Computer Chess History*, 23 Apr., 2006, http：//www.geocities.com/SiliconValley/Lab/7378/comphis.htm。

4 Electronic Frontier Foundation, *Cracking DES：Secrets of Encryption Research*, *Wiretap Politics and Chip Design*, Sebastopol, CA：O'Reilly, 1998.

5 Kieron O'Hara, *Plato and the Internet*, Cambridge：Icon Books, 2002.

6 有许多关于数据挖掘的教科书，例如，Jiawei Han & Micheline Kamber, *Data Mining：Concepts and Techniques*, San Diego：Academic Press, 2001。

7 K. A. Taipale, "Data mining and domestic security：connecting the dots to make sense of data", *The Columbia Science and Technology Law Review*, 5, 2003, 1-83, http：//www.stlr.org/html/volume5/taipale.pdf.

8 "One grid to rule them all", *The Economist*, 9 Oct., 2004, Tim Berners-Lee, Wendy Hall, James A. Hendler, Kieron O'Hara, Nigel Shadbolt & Daniel J. Weitzner, "A framework for Web Science", *Foundations and Trends in Web Science*, 1 (1), 2006, 1-134, 此处在 46-47。

9 http：//setiathome.berkeley.edu/.

10 http：//setiathome.berkeley.edu/sab _ plans.php.

11 David De Roure, Nicholas R. Jennings & Nigel Shadbolt, "The semantic grid", *Proceedings of the IEEE*, 93 (3), 2005, 669-681.

12 "Information overlord", *The Economist*, 20 Jan., 2007.

13 有关 NLP 的更多的信息，见 Berners-Lee et al., "A framework for Web Science", 50-52 以及其中的参考资料。

14 Alan Dix, "The ultimate interface and the sums of life?" *Interface* 50, 2002, 16.

15 Nic Fleming, "Computers 'could store entire life by 2026'", *Daily Telegraph*, 14 Dec., 2006, Ian Taylor, "Total recall", *BBC Focus*, 174, Mar., 2007, 24-27.

16 Kieron O'Hara, Richard Morris, Nigel Shadbolt, Graham J. Hitch, Wendy Hall & Neil Beagrie, "Memories for life：a review of the science and technology", *Journal of the Royal Society Interface*, 8 (3), 2006, 351-365, Gordon Bell & Jim Gemmell, "A Digital Life", *Scientific American*,

Mar., 2007, 40-47.
17 Taipale, "Data mining and domestic security", 58-60.
18 有关对每年所产生的信息的总量的报告和估计,见 Peter Lyman, Hal R. Varian, Kirsten Swearinggen, Peter Charles, Nathan Good, Laheem Lamar Jordan & Joyoject Pal, *How Much Information?* 2003, School of Information and Management Systems, University of California, Berkeley, 27 Oct., 2003, http://www2.sims.berkeley.edu/research/projects/how-much-info-2003/。
19 Jeremy G. Frey, "Comb-e-Chem: an escience research project", 载 Martyn Ford, David Livingstone, John Dearden & Han Van Waterbeemd (eds.), *Designing Drugs and Crop Protectants: Processes, Problems and Solutions—Proceedings of EuroQSAR 2002*, Oxford: Blackwells, 2003, 392-398,并见 http://www.combechem.org/。
20 http://www.ukbiobank.ac.uk/.
21 http://www.sm.org.sg/index.htm.
22 http://www.meb.ki.se/biobank/index.php.
23 http://www.ukbiobank.ac.uk/about/overview.php.
24 http://www.sm.org.sg/03_process.htm.
25 http://www.meb.ki.se/biobank/ethics.php.
26 "Medicine's new central bankers", *The Economist Technological Quarterly*, 8 Dec., 2005.
27 "Privacy fears over DNA database", *BBC Online*, 12 Sep., 2002, http://news.bbc.co.uk/1/hi/in_depth/sci_tech/2002/leicester_2002/2252782.stm.

第五章
问题在于链接，蠢货：
因特网、万维网和私人化空间

　　创立、界定和维护隐私权是我们通过法律表达本能的一种传统的方式。然而技术的发展，特别是因特网和万维网在这方面产生了重要的影响——网络是一个高度分散的系统，并且很明显，它所带来的表达自由程度的增加被它同时所带来的在防止人们披露和传播隐私信息方面的困难所抵消。网络的结构允许人们在没有中央控制的情况下表达和链接信息。网络不是按照等级结构建立的。事实上，它是一个极为民主的系统，因为一个网页的作者不用通过任何中介就可以即时将自己的网页与任何他认为相关的网页进行链接。然而对于民主来说是有益的东西对于网络把关来说却是有害的。网络并不是很透明的：要发现链接到某个信息源的所有网页或者在网上公开的有关某个个人的所有信息并不是一件容易的事情。网络作者也不对其所公开的信息负责。信息的复制和传播极为容易——网络的宗旨就是成为一个知识共享的平台——而身份的不固定性有利于保持匿名。以上这些并不是贬低网络的益处。互联网在过去十五年中已经改变了整个世界，而这些改变大多数是好的。但是一种支持在人们所预料不到的新语境中对信息进行秘密地重新使用的结构很明显会对隐私产生影响。

法学家杰克·鲍尔金（Jack Balkin）曾经介绍过 20 世纪在促进言论自由方面所取得的巨大成就以及技术对这些成就的影响：

> 表达自由的制度是在以下这几种因素的协同作用下生成的：(1) 促进对通讯技术的公共参与的政府政策；(2) 促进而不是阻碍分散和大众化参与的技术设计，以及 (3) 对通过司法确立的、针对政府进行审查的权利的传统的承认和实施。以上这三个因素中的最后一个……是 20 世纪的一项伟大的成就。尽管如此，我相信，从长期来看，这只是支撑表达自由的三根支柱中的一根。其他因素越来越受到人们的关注，因为人们越来越意识到它们对于促进民主文化来说是不可或缺的。[1]

这是一个重要的论点，并且对于隐私而言，在很多方面情况恰恰相反。大众的参与、技术设计以及对权利的实施共同为有关隐私的政治法律理解提供了语境。但是支撑自由表达的措施趋向于**侵蚀**隐私。简而言之，随着公众参与程度的增加，隐私趋向于减弱。互联网和万维网最初的使用者（其中包括本书的两位作者）是一些从事计算工作的书呆子式的学者，而网络的初衷就是成为学术论文的交流平台。用伯纳斯—李（Berners-Lee）的话说，就是"以便于在分布于世界各地的各研究小组之间分享信息，并方便各支持群体对信息的传播"[2]。这一建立在万尼瓦尔·布什（Vannevar Bush）的扩展存储器（Memex）模式之上的信息交换思路，预设存在一个关注焦点相对集中的用户群。对于这些使用者来说，信息的分析对于他们的共同利益来说是至关重要的。[3]对于学术研究而言，可获得的信息越多，就越容易做成事情和取得成就。版权、订阅以及信息和数据的囤积都趋向于限制科学的总体进步（虽然它们有时可以提高某些个人的名声）。因此网络的初衷就是促进信息共享，并且如今它仍然是按照这个初衷进行建造的。[4] 在网络上，信息的价值在于充足，而不在于稀缺。但是当网络扩展到包括各种完全合法的行为——如电子商务、银行业务和游戏——以及其他不那么合法的行为——如淫秽材料和赌博——的时候，我们就突然需要不同的结构了。当一个人的银行账号被放在了网上，或者当一个人的前男友掌握了她有损名誉的电子照片的时候，使网络得以成功的匿名、民主和复制能力看上去就不那么美好了。[5]

与此类似，网络的基本结构也是为了便于复制和自由链接而设计的。[6] 这意味着，虽然网络空间是可以被规范的，并且我们可以通过结构上的决定在很多方面以相当政治化的方式限制网络行为，[7] 但是创建一个结构，既能保护网络隐私，又能保持住分散化的信息共享的网络体验的重要不变因素，**绝非易事**。

互联网，特别是万维网是一种既不完全属于公领域，又不完全属于私领域的奇怪的空间。它们是启蒙运动时期伴随着人们对商业和贸易的日益理解以及相关理论日益成熟而出现的一种公私交融的特殊中间空间的一个很好的例子。这种中间空间对于社会来说是非常重要的，但是它也对我们提出了各种不同和复杂的要求。

私人化空间

在 18 世纪，理论家们开始创立有关公共市场的自由主义理论。在这种公共市场中，人们遵循建立在"开明的自利"基础上的工具性理性原则，以诚信的方式进行互动和交换。它们反映了当时建筑上、经济上和技术上的变革。这些变革意味着人们越来越少在家中工作（因此越来越少的人在他们自己有限的生活空间中招待其客户）。[8]相应地，越来越多的工作是在办公室、工厂和交易所进行的。伴随着私人化的公共空间的发展，既独立于国家，又为自己保留公开评论公共事务的权利的媒体创立了（考虑到国家对于商业和贸易的巨大影响，媒体也许只是部分地保留了这样的权利）。[9]亚当·斯密以及诸如戴维·休谟（David Hume）和亚当·弗格森（Adam Ferguson）等基于爱丁堡的苏格兰启蒙运动的其他继承人，是在这方面最为重要的思想家。[10]这种被看作是社会财产的一个重要基础的公共空间第一次被从其他类型的互动中分离出来。这种分离暗示着对有关私人空间概念的补充。

对于人们，特别是对于像斯密和休谟这些思想家来说，这些工具主义关系很显然并不代表全部的人际关系。[11]我们之间的许多关系（尤其是友谊、爱情和家庭关系）并不是由工具主义所驱动的，因此它们不能为斯密有关市场和"看不见的手"的理论所解释。斯密所担心的事情之一就是在他的理论出现之前这两种关系被混淆在一起——商业决定被建立在非商业理由之上（如友谊——有人可能会在商业交易中给他的朋友以优惠的价格，从而对整个市场造成损害），而人们往往也会从工具主义的视角来看待友谊本身。

如今有关公私领域的二分法已经不那么令人信服了。取而代之的是一种三分法。换言之，人们构想出了大致三个相互独立的空间。[12]不同的理论家用不同的方式对这三个空间进行了划分。但是这种三分法的要旨与我们的许多直觉不谋而合。首先，毫无疑问存在着一个私密和个人主义的**私人空间**。人们不必为在这一空间中的行为给出对于公众来说站得住脚的理由。其他人干预这一空间中行为的权利被以巧妙的方式淡化了，但是许多人认为道德和宗教是干预私人空间行为的合法理由。其次，很显然还存在着一个涉及公民资格和对集体决策的积极参与的公共空间。在这一空间中，人们必须为其行为给出对于公众来说正当的理由，而这些理由不应包括行为者自身的利益。在这一空间中人们的行为必须基于公共利益，但是人们可能会对什么是公共利益这一问题有不同的看法。这一空间通常受到严格规范。而在公私这两个空间之间还存在着一个第三空间，即公共生活、社交和公共舆论空间。在这个人们不期而遇的空间，每个人都可以自由表达自己的观点。由于人们来到这一空间的目的是劝说其他人接受自己的观点——至少在有些时候是如此，因此他们的行为往往是出于个人的或自私的动机。但是他们往往会有意以公众所能够接受的方式解释其行为动机。

这个供人们相互交往的第三空间可以被看作是公共空间，也可以被看作是私人空间——这取决于用来和它对比的参照物。与公共、集体决策领域相比，它属于私人空间——在这一空间中人们的行为是由私人动机所驱动的，而不必出于改良社会的目的。在这个社交世界中，人们没有为了公共利益而牺牲个人利益的义务。但是与隐秘的私人空间相比，它又是一个公开互动和可见的空间。在这里人们知道自己会被别人看到，并且不能反对别人报告他们在这一空间的活动。让我们考虑一下在大学教学楼的学术报告厅中举行的一个研讨会：这个学术报告厅是属于公共空间还是私人空间？与教学楼的门厅相比，它是一个私人空间。如果一个人走进来吃三明治的话，那么有人就会告诫他："不要这么做，这是一个私人会议。"但是与厕所相比，它又是一个公共空间。如果一个人在这里脱了鞋往脚上搽脚气粉，那么有人就会告诫他："不要这么做，这是一个公共会议。"以上这两个人不会因此而感到别人对他们的告诫是相互矛盾的，因为这是一个既非完全公共，也非完全私人化的空间。

这一介于公私之间的社会空间被认为对于创造现代民主国家发展所需的公共舆论来说是至关重要的。[13]但是这并不意味着其在不同国家中的发展是完全一致的。在英国,原来供商人们聚在一起闲聊和分析信息的咖啡馆后来发展成为推动商业、贸易发展和工业革命的银行和保险公司。而在法国巴黎沙龙中的自由讨论则直接导致了更为彻底和更具破坏性的革命。在那些公共空间侵犯或者曾经侵犯私人空间的国家——如压制自由辩论和讨论的独裁专制国家——在独裁时期结束之后发现自己很难向民主结构转变。这往往是由于在这些国家中还没有出现一个私人化的空间,因此缺乏一个虽然有时可能非常激烈,但不影响政府运作的建设性的论坛。[14]

网络就是各种私人化空间的一种:它独立于政府;在这种空间中公共利益只是人们行为的各种动机之一;但是它又不是私密意义上的私人空间。在这种空间中人们知道有关自己的信息会被看见、阅读和复制。他们在那里"抛头露面"。

空间意义上的隐私

我们在前面谈到了对有关自己的信息的控制这一意义上的隐私。事实上网络完全是一种信息传输的工具。而隐私的另一端则是空间意义上的隐私。也就是说,人们需要一个自己的空间,以便能够过私密的生活,并且为最大限度地利用其自主权而进行不受干扰的思考。对于大多数人来说,在这方面最明显的例子就是他们的家。在西方民主国家,能够未经他人许可进入其住宅之中的人的数量很少,[15]并且这些人只有在法院听取了其相关理由之后才能够这么做,他们在这么做的时候还必须遵守严格的限制条件。

空间意义上的隐私通常指真实世界中的真实空间,而网络世界则可以被看作是模拟的空间。[16]一个人所拥有的网址就是其网络空间的一个例子。网址的拥有人有权决定在这个空间中的内容（但是他必须遵守有关禁止诽谤的法律以及其他法律）。另一个令人感兴趣的网络空间就是一个人的浏览路径。一个人在上网的时候会进入一系列链接，并且在浏览的过程中下载网页。一个互联网用户在网上所做的每一件事情都涉及与"服务器"的互动。服务器在一个名为"服务器日志"的文件中保持有关用户所提出的请求的信息。服务器日志的目的是使服务器管理人员能够分析互联网流量，以使服务器尽可能保持最有效的工作状态。但是事实上服务器日志记录了一个人访问了哪些网页，向哪些人发送了电子邮件等等信息。应该指出的是，服务器日志并不收集特定用户的信息；它们并不是监视工具。但是这一基础架构的确使监视成为可能。当然，用户以及他们的互联网服务提供商的计算机中也保留着这种记录。

尽管如此，互联网仍然是一个奇怪的空间。它占据着一个介于公共空间和私密空间之间的私人化地带。人们在这一空间的行为兼具公共和私密两种性质。一个网页，即使其内容是属于私人所有的，它总是——或者说往往是——为了给他人浏览而建立的。就这一点而言，它更像是一个布告栏。一个人在互联网上与其他人的互动则是不同的，并且是更难以界定的行为。一个人下载的网页是公开的，而他的下载行为却并不一定是一个公开的行为。这可能取决于这一行为所发生的网络之外的空间的相对隐私性。在家中、在网吧和在工作场所浏览同样一个网页，其性质就可能大不相同（当然，一个人在工作场所浏览某个网页的行为很可能是雇主花钱让他所做的工作的一部分）。而一个人在私密的环境中上网，他与网上其他人的互动是具有较大的私密性的。但是如果他是在网吧等其他人能够看到的环境中上网的话，那么他的这一行为的私密程度肯定就会降低。无论如何,一个人上网的记录都会被保留,但是一个人上网的物理地点(这一因素往往不会被提到)似乎也很重要。

对私人化空间的侵犯

互联网和万维网中的私人化空间是如何建构的?什么是被这一结构所允许的?什么是受到它的限制的?每个连接到互联网上的计算机都有一个标志其在网络中的位置、名为 IP 地址的数字代码。IP 地址和计算机之间的联系是由互联网服务提供商(ISP)所指定的。大多数 ISP"动态"地指定 IP 地址——即它们"拥有"很多的 IP 地址。每个计算机在每次上网期间被临时指定一个 IP 地址。所有发送给你的信息都被发送到你计算机的 IP 地址。因此任何在网络上与你互动的人必须知道你的 IP 地址。互联网的一个基本运作机制就是:从一个计算机发送到另一个计算机的信息被分割成适当大小的、标注着目标 IP 地址小数据包,然后通过一系列计算机发送到目标 IP 地址。IP 地址包括一个人的 ISP,并且往往还包括一个人的国家,甚至所在的城市。如果 IP 地址被永久性地与某个计算机联系在一起(而不是动态地分配)的话,那么根据 IP 地址甚至能够查出你所使用的计算机。

IP 地址和 ISP 对于互联网的运作来说是至关重要的。但是还有其他使用互联网基础结构威胁网上隐私的方法。我们在上文中已经讨论了 cookie,即从用户计算机返回到网站的一些小信息。它们通常都用于完全无害的目的。cookie 有可能被用来获取有关用户更多的信息,这些信息可能被用于建立用户档案等目的。大多数浏览器允许用户管理其与 cookie 的互动,而关闭 cookie 功能并不会限制网络的使用。cookie 通常并不是一个很严重的问题。更为重要的是一种被称为"间谍软件"的恶意软件。

间谍软件是专门为在不经某个人知情同意的情况下收集其信息而被放置在其电脑中的软件。作为一种软件,它必须被装入电脑之中(很明显知情的用户是不会同意这么做的),因此间谍软件和其他恶意软件通常会被隐藏在其他的文件,如电子邮件的附件之中。因此当我们在电脑中看到一个来路不明的文件的时候,最好不要将其打开。一旦被装入计算机,间谍软件就会从各种不同的地方收集信息。它可以存储用户的浏览历史,记录其键盘输入,或搜索其硬盘文件。大多数间谍软件都是用于商业目的,旨在为垃圾广告邮件寻找合适的对象,或者改变用户浏览器中的主页(商业间谍软件往往又被称为"广告软件")。但是总是存在着间谍软件被用于犯罪目的,如获取银行账号密码的可能性。安装专业的反间谍软件的安全程序并且对这些软件及时升级通常就足以防止这些威胁了。

人们也可能被虚假的网站或电子邮件所欺骗,这种欺骗手段被称为"网络钓鱼"。例如有关用户会收到一份看上去像是来自某个银行或商店的电子邮件,以"安全检查"等虚假的理由要求他提供重要的个人信息。截至2006年8月,大约有200万美国人在虚假网站上透露了自己的私人信息,从而导致美国银行28亿美元的损失(这大约是英国政府每年所支付的伊拉克战争费用的两倍)。[17]在最近的一次实验中,伪装得很好的钓鱼网站可以欺骗测试小组中90%的成员。并且这些成员在40%的实验中犯了错误。实验的参与者有时会忽视网络浏览器为帮助他们而给予他们的提示:23%的参与者不看浏览器的状态栏、地址栏或安全提示。在这方面相关知识的缺乏是一个关键性问题,而有关计算机系统的培训似乎也少得可怜。例如,www.ebay-members-security.com这样一个网址并不属于www.ebay.com,虽然这两个网址中都包含相同的一些字符。网络钓鱼者往往会使用诸如上面这个例子中的前一个网址进行诈骗，因为那些警惕性不高的人往往会将其与诸如后一个网站这样的受信任网站联系在一起。许多用户没有注意到，在浏览器地址栏中出现的一个小挂锁表示其所浏览的网页是通过安全的方法提供的，而同样的挂锁出现在网页本身中（这是一个常用的网络钓鱼手段）则没有任何意义。[18]

万维网

使网络钓鱼成为可能的是万维网这个互联网的关键性构成部分。万维网也许是人类历史上最为复杂的一项技术发展。它在很多方面正在改变人们的生活——在发达国家肯定如此，而世界其他地方也日益朝着这个方向发展。就像本书中所讨论的许多其他技术一样，万维网最初只是作为帮助科学家的一个工具而开发的，其目的是使他们能够分享信息和文件。如今它已经成为人们购物、办理银行业务、交友、约会、赌博、开展政治活动、娱乐和传播小道消息的场所——而以上只是随便列举的一些例子。对于大多数人来说，引诱他们进入网络世界的也正是万维网的这些令人向往的功能。有些反资本主义者甚至声称，万维网是潜伏在技术伊甸园中的一条蛇，它会使人们在网络中失去纯真。

技术的创新推动了互联网从虚拟的自然状态到虚拟的多元化市民社会的转变。如今人们所说的网络已被万维网所主宰……它已不再是一个基于文本、以对话交流和发布消息为中心内容，由专题讨论组、专题通信服务系统和信息查找网站拼凑而成的杂乱的混合物，而是发展成为一个由相互链接的网站构成的多媒体现象。在这里搜索引擎、广告、商业和娱乐与传统的基于文本的旧网络共存。[19]

互联网就像是一种交谈，而万维网则是像是单方陈述。

　　陈述基于脚本，可以反复进行而不会失去其本质。最为重要的是，它是针对听众的。虽然有的人非常善于交谈，但是交谈在本质上是平等的。而陈述……则注重才华并要求专业技能。它们是不平等的……

　　陈述者通常不希望听众参与陈述。陈述的目的是向听众提供娱乐或信息、启发他们、使他们对陈述者产生敬畏之情、操纵他们、激励他们，等等。网络空间真正的阶级划分是版主与网络冲浪者之间的划分。[20]

尽管如此，万维网与互联网以及人们日常生活模式是如此珠联璧合，以至于我们可以在一个极为简单的标准平台上建造越来越复杂、越来越精巧的结构。就像一杯鸡尾酒，在杯子底部的酒是香草味道的，但是在品尝的过程中酒味道不断发生着千奇百怪、难以预料的变化。万维网这个具有革命性和分散性的信息结构正是建立在由TCP/IP、HTTP、HTML等严格的协议和形式体系构成的坚实的基础之上的。

建筑风格、意识形态和线性代数

万维网的建筑风格极为简单。它由用于信息表述的"形式体系"和管理代理商之间的相互作用和信息交流的"协议"组成。这一系统的核心是由"统一资源标识符"(URI)所标注的"资源"。URI是在万维网浏览器中所显示的文字,如 http://en.wikipedia.org/wiki/Hpertext_Transfer_Protocol。它标注一个资源,即网上百科全书"维基百科"英文版中有关"超文本传输协议"(HTTP)的信息。URI 是建立在被称为"方案"的结构化定义之上的。而超文本传输协议也许是最常见的 URI 方案。它是一种在万维网中传递信息的方法。超文本传输协议统一资源标识符是以"http://"开头的。还有其他几种方案,其中最常见的就是文件传输协议(FTP)和电子邮件方案(MAILTO)。

一个资源可以是任何可以被标识的东西。如果资源是一条信息(例如一个包含本书内容的文件),那么它在原则上是可以被放在网上并且可以在网上获得的。但是其他一些资源虽然可以在网上被标识,但是却无法在网上获得。如本书可以在网上有一个介绍的 URI,但是不能从网上直接获得。尽管如此,这样做使得人们能够分析有关本书的信息,开展有关本书的讨论,甚至购买本书。

万维网结构的设计力求减少其各个方面的相互影响。因此支持识别、表达和互动这三种功能的结构都是相互分离的。我们可以改变某个信息的表达方案而不需改变其他方案。因此这一系统作为一个整体非常灵活。[21]

尽管万维网结构有这样的基本性质,但它的设计方式在很大程度上决定了人们在网上能够做什么。换句话说,负责万维网设计的那些书呆子们手中掌握着很大的权力。[22]特别是互联网和万维网的发起人所确立"想与谁链接就与谁链接,想说什么就说什么"的互联网原则在万维网上并不总是能够得到体现。万维网可以成为自由表达的工具,也可以成为控制表达自由的工具。这取决于负责设计万维网结构的那些人。万维网是建立在以下这样一个基本的自由主义假设之上的：讨论、辩论和提出不同意见是取得共识和最佳结果的最好的方法。如果万维网是由约翰·斯图尔特·密尔[23]设计的话，那么它并不会比现在的更为自由。这使很多更为激进的思想家都感到非常失望：

> 虽然那些工作在这个领域最前沿的人仍然将互联网看作是一个远未得到充分开发的领域，但是它实际上已经呈现出既有领土的特征。有关可以使民主重新恢复活力的全球性辩论会场的乌托邦式的理想不得不面对严酷的现实：法律诉讼和规制、商业和娱乐、政党、有组织的利益集团和政治活动分子以及——最为重要的是——无聊而又冷漠的公众。[24]

另一方面，如今在网上被禁止的信息非常之少。出现在诸如万维网等私人化空间中的几乎所有信息在许多人眼中都被看作是可以随便猎取的对象。民主导致了自由主义和后现代主义以及话语等级制度的崩溃。如今已不大可能再会有人说传播流言蜚语是不好的，不应该对其他人的私生活感兴趣等等的话了。无数的网页上都充满了对出现在"老大哥"节目上的那些无名男女的闲言碎语。但是劝阻这种流言蜚语的想法是很不合时宜的。即使那些不喜欢"老大哥"节目的人也不敢贸然提出禁止这种对他人说长道短的行为的建议，然而这却正是沃伦和布兰代斯所提出的主要观点：

> 每一茬流言蜚语在收获之后都会成为更多流言蜚语的种子。其传播范围越广，其所导致的社会和道德标准的下降幅度也就越大。即使是那些看上去无害的流言蜚语，如果被广泛和

持久地传播的话也会可能造成很坏的后果。它们同时具有贬损和歪曲的作用。它们之所以会贬损，是因为它们颠倒了事情的相对重要性，从而贬损了人们的思想和志向。当有关个人隐私的流言蜚语登上报纸杂志的大雅之堂并挤占了真正对社会有益的信息所需的空间的时候，无知和轻率就自然而然地占据了其不该有的重要地位。由于流言蜚语易于理解，迎合了人性的弱点——这个弱点从来就没有因为邻居的不幸和脆弱而被完全放弃——它们占据了人们的头脑，从而妨碍他们考虑更为有益的事情。这种浅薄的流言蜚语会使人思维迟钝、感情麻木。在其像瘟疫一样的作用下，人们将失去热情和慷慨的冲动。[25]

如今这种精英主义的论调几乎肯定会受到猛烈的抨击，而即使是那些试图提出这种论调的人，也会就我们应该拥有什么样的社会或道德标准，以及不体面的流言蜚语究竟偏离了哪些社会和道德标准这些问题而产生巨大的分歧。很少有信息被认为是应该被禁止的或者是不值得一提的，而对个人的保护又被一些人认为是不充分的，无疑还有是事后追诉的制度（即在伤害事件发生之后要求受害方起诉），总之，在这样一个混乱和充满争议的网络世界中，有关隐私的争论还会继续下去。

在网上通过加密的方法保护信息是可以做到的。例如 HTTPS 就是一种建立在 HTTP 基础上的、包含一个加密机制的统一资源标识符方案。这种加密机制是建立在公钥基础结构之上的。它使得人们能够在网上以相对安全的方法传递信息。诸如银行网站等许多安全的网站都使用 HTTPS 协议。要登录这些网站往往需要输入口令。避免网络钓鱼的一种方法就是确保在浏览器中所显示的 URI 是以 HTTPS 开头的，这意味着你提交到这个网站的信息是真正被加密的。

由超文本标记语言（HTML）——一种用来对文本和其他类型的网络内容进行结构化的工具——所支持的链接是网络体验的一个重要组成部分。其他 HTML 能实现的可能性，如复制和仿效，也是如此。正如上文中所提到的，这些技术的目的就是**重新利用**信息。数字媒体的创建方式使人们不仅能够创建全新的文件，而且还可以在旧文件的基础上创建新的文件。人们可以在其他人的作品上添加评论和元数据（即使在网上报纸的文章后面也往往附有很长一串评论），并且互联网上的信息交流只有在人们能够拥有和重新使用其他人的信息的条件下才能够兴旺发达。[26]但是如果 HTML 的规则改变的话，那么互联网的整个信息拥有模式也会发生改变。形式体系创造了各种可能性；我们在万维网上所看到的那种分散性话语并不具有内在的易仿效性。

网络的一个关键特征就是它可以帮助我们找到所需的信息。最初人们必须记住复杂的网址，但是如今通过**超链接**（在网页之间相互链接的 HTML）和像谷歌这样的智能搜索引擎使我们能够在很短的时间内相当有效地找到我们所感兴趣的信息。但是像视频和照片等非文本文件的查找仍然存在一些问题，因为它们并不总是伴随着有助于搜索的关键词。尽管如此，万维网总的来说是一个非常有效的信息仓库。

的确，谷歌可能是地球上最优秀和最著名的监视引擎。它对全世界现有的大多数网页——在本书写作的时候，全世界共有大约 100 亿个英文网页——进行定期的扫描和索引。然后它为这些网页创建一个索引系统，使任何人都能够通过浏览器在这些网页中找到自己所感兴趣的内容。简要回顾一下谷歌的技术以及它所克服的困难有助于我们认识到，即使在计算机运算速度达到每秒千万亿次，存储量以千万亿计算的时代，我们还可以对网上的大多数内容进行全面的考察。我们还有能力观察我们自己的行为。

在20世纪90年代，出现在万维网上的网页数量之大，已对人们构成了一项挑战。我们如何才能找到一个人所感兴趣的内容呢？当时的搜索引擎依赖于通过单词统计的方法来查找网页并对其排序。但是这种方法越来越成问题。据估计，95%的英文网页所使用的单词总数仅为一万个左右。这意味着基于单词统计的搜索会产生越来越多的被使用者认为是不相干的结果。谷歌的工作原理实际上是让万维网自己来给网页排名。它设计了一种能够非常有效地实现这一目的巧妙的科学分析方法。

这一搜索引擎基于这样一个理念，那就是衡量一个网页重要性的最好的指标就是链接到这个网页的其他网页的数量及其重要性。因此在万维网上的每个网页都被指定了一个被称为网页级别（PageRank）的重要性排序。当你在谷歌中输入一个词的时候，它就会将含有这个词的网页按照网页级别的顺序排列。这种方法的问题在于它在本质上是一种循环定义——一个网页的重要性由链接到这个网页的其他网页的重要性所决定，而后者的重要性又取决于链接到它们的其他网页的重要性。谷歌创始人佩奇和布林发明了一种对相关问题进行表述和编码以及避免在此过程中出现的各种问题的巧妙方法。

万维网在任何时候都会包含 N 个网页。我们可以用一个 N × N 的矩阵 C 来代表网络相互链接的结构。如果一个网页 i 与另一个网页 j 相链接，那么 $C_{ij}=1$；如果两者之间没有链接，那么 $C_{ij}=0$。任何一个网页 r_i 的排名都完全是由这一矩阵所决定的。我们可以将越来越复杂的规则应用到这一矩阵之中。这些规则被体现在谷歌网页排名公式之中。这些规则的本质在于：首先，一个网页的排名应该随着链接到该网页的其他网页的数量的增加而提高；其次，一个网页的排名应该根据每一个与之相链接的网页的排名加以衡量（即被一个排名较高的网页链接要比被一个排名较低的网页链接更好）；再次，对于链接到被排名网页的网页而言，其所链接的网页越多，其对排名的贡献越小。这一矩阵所面临的问题是，它所代表的万维网中的英文网页就有 100 亿行之多。这是一个很大的矩阵，其中大多数元素的值都为零。谷歌的巧妙之处在于将一些基本的线性代数原则运用于这一矩阵，从而将其简化为一个所谓的特征向量，其中每个向量包含代表一个网页的一列 r。这一算法最初仅使用一个向量，然后反复对其进行修正，直到它与网络矩阵相乘产生由以上所解释的规则所确定的结构。[27]

网络虽然能够促进信息的流动，但是也存在明显的问题，尤其是**透明度**和**问责制**的缺乏。在网络上很难发现信息是如何被使用的，并且很难对造成他人伤害的人问责。[28]当然，言论自由必然意味着有限的透明度和问责制，并且（在一定限度内）畅所欲言的权利已被庄严地载入美国宪法之中。自由主义存在着一个重大的自相矛盾之处，即人们珍视自由（特别是言论自由），但同时又珍视隐私。那么当有人利用其言论自由侵害他人的隐私的时候应该怎么办呢？当像万维网这种完全自由化的技术也出现这种矛盾的时候，我们一点也不应该感到奇怪。

首先，人们几乎可以在任何时候任意地在网络上传播有关别人的信息。有些网站的宗旨就是揭露隐私。这些网站包括追踪犯罪分子的网站、淫秽或半淫秽偷窥网站，以及动物权利狂热分子所建立的、列出那些据称参与虐待动物者的私人地址的网站。导致问题的往往是那些对信息的偶然性的重新使用。导致隐私受到侵犯的往往不是信息本身的公开，而是信息与其他重要的语境之间所建立的联系。有关某个人的一条信息在孤立的情况下可能是无害的。但是当它与其他信息联系在一起的时候就可能会产生伤害。一个人的地址是公开信息，可以从电话簿或选民登记表上查到。一个人的工作也不是国家秘密。但是如果将这两条信息放在一起，就可能被某些对某个公司有私仇的人用来对公司职员施加压力。对于信息而言，语境决定一切，而链接则可能成为一个严重的问题。

其次，有时我们希望对某些信息保密，如我们希望限制别人获得我们发给朋友的电子邮件、我们的信用卡信息以及我们拥有版权的艺术作品。要做到这一点，一个显而易见的方法就是不把这些内容放在网上，但是这样我们就会失去电子邮件和电子商务的所有好处以及我们的作品在网络上所能够获得的巨大的读者群。

我们还应该介绍一下另一个在可预见的未来将会对网络隐私产生影响的因素。在发达国家，人们通常是通过电脑和数据线连接的方法上网的。但是在发展中国家，由于全功能计算机价格昂贵，并且电力和通信基础架构薄弱，许多人会使用移动设备上网，即构成所谓的"移动互联网"。在这方面的程序、界面和设备尚未完全到位——大多数网络内容都是为在个人电脑或笔记本电脑上阅读，或为纸张打印而设计的，而不是为了在微小的手机屏幕上显示而设计的。另外，大多数移动连接都存在着一个内在的问题，那就是可靠性差（"我在火车上呢！"）。尽管如此，移动互联网将继续存在和发展下去。这意味着额外的隐私问题，因为信息的无线传输要比基于数据线的传输更加容易被截获。有关移动互联网的标准仍然处于早期发展阶段。

语义网

万维网的另一个最新发展就是语义网。[29]随着网络的规模和复杂性的增加，网络开发者面临着越来越多的问题。语义网是解决这些问题的一种与传统方法非常不同的方法。就像许多数字技术一样，它主要是为了给科学家提供更好的研究工具而开发的。就像万维网一样，它的初衷是促进数据的分享和交流。

万维网主要是一个分享文件——这些文件可以是图像、科学论文、列表、报告、录像、电子数据表等等——的媒介，并且它的价值在过去十五年中不断得到证明。当然，只有在文件被分享的时候，文件中所包含的信息才能够被分享。但是文件中的信息只有经过一定步骤之后才能够被提取出来，并被人们所利用。

例如，你用搜索引擎（很可能是谷歌）搜寻包含某些重要关键词的文件，结果某一特定文件出现在了搜索结果列表的最前面。你下载了该文件。然后你就要在这个文件中寻找你所需要的信息。你可以从头到尾阅读这个文件（但是这个文件可能非常的长）。你可以在这个文件中搜寻特定的字符串。你甚至有可能在做出以上这些努力之后发现这个文件中根本就没有自己所要查找的内容。在这种情况下你就要回到谷歌搜索结果列表，下载排在第二位的文件，并以此类推。

即使在找到所需要的内容之后，也不是万事大吉了。你所查找到的内容可能是以一种不方便利用的形式出现的。有些问题很简单，如你需要使用公制单位的测量数据，但是你所找到的测量数据所使用的却是英制单位；有些内容是以冗长而晦涩的文字表达的；或者其概括程度不符合你的要求（太详细或太简单）；或者是其格式不符合你的要求。它可能是以文本表格形式出现的一大堆结构化数据。你可以提取这些数据，但是却无法自己重新建立数据结构（而你所找到的表格可能包含数百个行列）。对于那些依赖于及时获得信息的人来说，万维网无疑改善了他们的生活，但是即使在找到了你所需要的文件之后，你还有很多工作要做。

语义网的宗旨是像网络处理文件一样处理数据，使人们能够直接从网络上获得并分析原始数据，从而实现进一步的信息共享。它应该能够整合从不同来源获得的数据，发现它们之间的微妙联系，并将搜索结果以理想的形式提供给使用者。网络实现了文件搜集的自动化，而语义网则应该实现从文件中提取信息这一过程的自动化。

在语义网中，通常文件的作者会对插入文件中的信息进行标记，以给予这些信息某种**意义**（语义网的名称由此而来）。例如，一个通常的文件可能包含"6"这样一个数字，但是计算机不能从中做出任何推断——对于计算机来说，它只是一个未经解释的数字。语义网所提供的形式体系及其所使用的工具能够对"6"做出解释。例如，计算机可以将"6"解释为一个温度、一个门牌号、一个人所生子女的数量或者其他任何东西。如果我们就这些概念向计算机做出一些解释的话，它就可以对文件做出某种推断。另外，它还可以知道在什么情况下不同的名称所指的是同一个概念。一台具有标准功能的计算机将"temp"和"temperature"视为不同的字符串，但是语义网可以告诉计算机它们所指的是同一种物理参数。

语义网的关键在于它使用了一种被称为"资源描述框架"（RDF）的新的网络语言，它可以将语义编入三元体中。每个三元体中的三个组成部分就像一个基本句子结构中的主语、谓语和宾语。在 RDF 中，一个文件做出某个事物（如一个人、一个网页或任何一个其他事物）与另一个事物（如另一个人、另一个网页）之间有着某种关系（如"是他的姐妹"或"是它的作者"）的声明。这种结构是描述许多事物的自然的方式。主语和宾语各由一个通用资源标识符（URI）——它是我们所熟悉的识别网络资源的标志（最常用的 URI 就是网址）——来标识。谓语也由 URI 所标识。这使得任何人仅仅通过在万维网的某个地方定义一个 URI 的方式就可能定义一个新的概念或一个新的动词。

事实上，我们甚至不需要专门建立 RDF。南安普顿大学开发了一个名叫 CS AKTive Space 的获奖语义网应用软件，（在经过一些初始化准备工作之后）能够自动从网上识别各个大学计算机系网页的内容，并用 RDF 对其进行标识。这是一项艰巨的工作，需要大量的程序设计工作，并且遇到了很多令人头疼的问题，但是它最终取得了成功。[30]

语义网作为一种科学工具是很有发展前途的，并且它在医学、商业和政府管理等信息密集的领域也具有很大的潜力。但是它也可能在两个方面构成对隐私的威胁。首先，语义网就像本章中所讨论的其他技术一样，其成功与否都取决于其活跃用户的数量。语义网的用户越多，其所能够提供的数据也就越多。而其所能够提供的令人感兴趣的数据越多，它的用户也就越来越多——这就构成了一个良性循环。相反，语义网的用户越少，其所能够提供的数据也就越少；而其所能够提供的数据越少，其用户也就越少。这些技术依赖于"网络效应"：现在的用户多就意味着将来的使用者会更多；现在的用户少就意味着将来的使用者会更少。

当人们开始常规性地公开其文件的时候，万维网的网络效应就开始产生作用了。自从万维网取得成功之后，网络世界发生了巨大的变化，以至于我们现在已经很难回忆起万维网出现之前的环境了。但是在那个"黑暗"的年代中，人们认为自己制作一个文件，然后将其发在网络上让大家看是一件很奇怪的事情。如果一个公司制作一个有关某件事情的文件，那么这个公司的经理一般会认为这个文件是保密的，任何外人必须事先经过公司的允许才能够阅读这个文件。即使像价目表这样简单的文件通常也是保密的，公司将完整商品价目表的保密性看作是一个重要的商业工具。这种本能的囤积信息的做法很快就被抛弃了——如果你的竞争对手公开了他们的价格表，而你却不这么做的话，那么顾客就会对你感到非常不满。这样今天我们所看到的相对开放的万维网就逐渐发展了起来，如今人们已常规性地在网络上公开其文件了。

语义网旨在像万维网处理文件一样处理数据。这将意味着个人、组织和公司常规性地公开其**数据**，并且他们以后所公开的数据可能比以前所公开的数据要敏感得多。人们从语义网中所获得的利益越大，他们所公开的数据就越多。这意味着公司政策的又一个巨大变化。这种变化不一定会发生，但是如果发生的话，那么在万维网上至少在某种程度上可以被隐藏在文件中的有关个人的信息就会以原始的形式被别人所浏览和利用。它可能会为人类带来巨大的利益。与此同时，它当然也会给我们的隐私带来危害：它将使实践隐匿性遭受又一次打击。

第二个问题就是语义网会为我们发现真相提供更大的便利。不仅会有更多的数据被放在网络上，而且人们也将能够更容易地对这些数据进行查询并从中做出各种推断。正如计算机科学家戴维·德鲁尔（David de Roure）所指出的，语义网的数据结构实际上将万维网变成了一个"人和计算机都能够读懂的通用的电子数据表"[31]。这使得人们能够将从几个不同的网站——包括供人们披露大量有关自己的信息的网站——所获得的信息合并在一起，并对其进行远比目前更为深入的（并且迅速和自动的）分析。

例如，有一项有关刚刚出现的语义网的研究项目，根据对从一个社会网络中获得的一些基本信息以及一个学术论文数据库的分析，发现了在学术论文评审过程中可能出现的利益冲突（如果可能，应该避免由论文作者的朋友或同事对论文进行的评审，因为这种评审的客观性无法得到保障）。[32]这是通过明确的人际关系来理解隐含的社会网络这一理念的一个非常基本的应用实例。我们预计这一理念在将来还会得到进一步完善。

就像大多数技术一样，语义网对隐私的影响也不完全是负面的。它将数据而非文件作为分析对象的功能增加了数据处理的能力和智能性，因而在某些方面能够**增进**隐私。例如，在万维网中，如果一个文件包含了某些敏感的信息，那么就可能会出现两种情况：一种情况是将它提供给读者。这样的话敏感信息就被泄露，从而使隐私受到威胁。另一种情况就是不将它放在网上，因而这个文件也就没有得到使用。而语义网技术则可以允许我们采取更为灵活的方法，将文件中的敏感信息"屏蔽"起来，只有那些被授权阅读这些信息的人才能够看到它们。

政策感知网

语义网具有很大的潜在优势。当然，隐私法将继续实施，而隐私保护主义者们也将继续对网络侵犯隐私的现象保持必要的警惕。但是技术本身也在对隐私问题做出反应，正如隐私增进技术一样，那些对网络进行复杂监督的人也正努力确保隐私保护被体现在这些技术的基础之中。在构成万维网的各层协议的具体规格中包括了一层允许在用户之间建立信任链接的协议。毕竟，如果要使对于万维网的继续发展来说至关重要的网络效应得到充分发挥，就必须使用户确信他们的数据或信息不会被滥用。[33]

正如其他数字技术一样，对于万维网来说，为人们或组织提供以他人可以理解的方式表达其隐私政策的可能性是非常重要的——

就语义网而言，最好使计算机也能够读懂这种隐私政策。我们必须记住，万维网是一个混乱而又分散的场所，有着各种不同的标准、语言、形式体系和目的。在这里集中管理的模式是行不通的。因此，创建一个每个想要使用语义网的人都必须使用的登记和隐私监管系统的想法虽然看上去合理，但是在实际上是不可行的。万维网正是在分散和无拘束的环境中才得以兴旺发达。另外，一个显而易见的事实就是，由于万维网是一个巨大的空间，因此任何一个系统想要在万维网的范围内运作，那么它就必须避免趋向于在巨大的信息结构中制造瓶颈的集中管理的模式。

万维网联盟的思想家们希望利用语义网本身的信息处理功能使系统能够表达隐私偏好并采取相应的行动。由于语义网可以促进与信息的更为丰富的互动，这些功能应该可以被用来表达复杂的隐私策略，系统也应该可以对这些政策进行分析。语义网应该可以进行为防止侵犯人们隐私所需的那些分析。

丹尼尔·魏茨纳（Daniel Weitzner）和他在万维网联盟的同事们称这种系统为政策感知网，[34]它必须满足以下三个条件：

首先，它必须是透明的，使人和计算机都能够发现并解释某个资源在使用过程中所应受到的社会约束。这样，一条信息的拥有者可以声明他想要出售这一信息，但是不希望购买者将这一信息传递给其他人。相应地，购买者也应该可以在做出不传递和转售的明确承诺的条件下购买这一信息。

政策感知网的第二个要求就是它必须包括一个简单的支持机制，使这些隐私政策能够在大多数用户无须掌握相关知识的情况下运作。万维网之所以能够在社会上取得如此巨大的成功，就是因为它的用户无须掌握有关 HTTP、HTML、SPARQL 等技术的知识，而政策感知网也应该保持这一传统——使用者有权在不具备专业知识的情况下享用新技术。但即使是在计算机方面最缺乏知识的用户也需要知道隐私支持机制是否能够正常运作。

第三，应该建立一个使用者问责制度。这样，当有人违反相关规则时我们就可以查出违规行为并采取恰当的补救行动——无论这种违规是恶意的还是无意的。

然而，在这方面首先应该强调的是描述，而不是实施。未经恰当表述的实施政策是不公平的、混乱的和难以实施的。对于不断发展着的万维网来说，成功的诀窍在于能够在分散的系统中描述和传播隐私政策。随着有关隐私的创建和分析活动的日益增长，政策感知网应该成为开发和实施能够在未来的万维网所创造的特定语境（至于这些语境的性质，我们目前只能做一些猜测）中运作的各种系统的一个平台。初步的基础设施已经得到了描述，但是万维网的持续生长和发展取决于我们是否能够使使用者感到其隐私在网络上是安全的。

注 释

1 Jack M. Balkin, "Digital speech and democratic culture: a theory of freedom of expression for the information society", 载 Adam D. Moore (ed.), *Information Ethics: Privacy, Property and Power*, Seattle, University of Washington Press, 2005, 297-354, 此处在 338。

2 1991 年 8 月 6 日, http://groups.google.com/group/alt.hypertext/msg/395f282a67a1916c。

3 Vannevar Bush, "As we may think", *Atlantic Monthly*, July 1945, http://www.theatlantic.com/doc/194507/bush。

4 Nigel Shadbolt, Tim Brody, Les Carr & Stevan Harnad, "The open research Web", 载 N. Jacobs (ed.), *Open Access: Strategic, Technical and Economic Aspects*, http://eprints.ecs.soton.ac.uk/12453/02/Shadbolt-final.pdf。

5 参见 Lawrence Lessig, *Code and Other Laws of Cyberspace*, New York: Basic Books, 1999。

6 Tim Berners-Lee, Wendy Hall, James A. Hendler, Kieron O'Hara, Nigel Shadbolt & Daniel J. Weitzner, "A framework for Web Science", *Foundations and Trends in Web Science*, 1 (1), 2006, 1-134, 此处在 7-12。

7 Lessig, *Code*。

8 Annik Pardailhé-Galabrun, *The Birth of Intimacy: Privacy and Domestic Life in Early Modern Paris*,

trans. Jocelyn Phelps, Cambridge: Polity Press, 1991, 66.

9 Jürgen Habermas, *The Structural Transformation of the Public Sphere*, trans. Thomas Burger, Cambridge: Polity Press, 1989, 51-56.

10 Adam Smith, *An Inquiry into the Nature and Causes of the Wealth of Nations* (2 vols), R. H. Campbell, A. S. Skinner & W. B. Told (eds.), Indianapolis: Liberty Fund, 1976.

11 Adam Smith, *The Theory of Moral Sentiments*, D. D. Raphael & A. I. Macfie (eds.), Indianapolis: Liberty Fund, 1976.

12 参见 Jeff Weintraub, "The theory and politics of the public/private distinction", 载 Jeff Weintraub and Krishan Kumar (eds.), *Public and Private in Thought and Practice: Perspectives on a Grand Dichotomy*, Chicago: University of Chicago Press, 1997, 1-42。

13 例如 Habermas *The Structural Transformation of the Public Sphere*, Richard Sennett, *The Fall of Public Man*, New York: Alfred A. Knopf, 1977。

14 如参见 John Gray, "The Post-communist societies in transition", 载 John Gray, *Enlightenment's Wake: Politics and Culture at the Close of the Modern Age*, London: Routledge, 1995, 34-63。

15 但是有些人认为这种人的数量正在增加。参见 Harry Snook, *Crossing the Threshold: 266 Ways the State Can Enter Your Home*, London: Centre for Policy Studies, 2007。

16 Kieron O'Hara & David Stevens, *Inequality.com: Power, Poverty and the Digital Divide*, Oxford: Oneworld, 2006, 1-31.

17 Gregg Keizer, "Phishers pocket $2.8 billion from unsuspecting consumers", *TechWeb News*, 9 Nov., 2006, http://www.techweb.com/showArticle.jhtml; jsessionid = EDBP5MZBPT3XYQSNDLPCKHSCJUNN2JVN? article ID = 193700256.

18 Rachna Dhamija, J. D. Tygar & Marti Hearst, "Why phishing works", *Conference on Human Factors in Computing Systems* (*CHI 2006*), Apr. 2006, http://people.deas.harvard.edu/~rachna/papers/why_phishing_works.pdf.

19 David Resnick, "Politics on the Internet: the normalization of Cyberspace", 载 Chris Toulouse & Timothy W. Luke (eds.), the Politics of Cyberspace, New York: Routledge, 1998, 48-68, 此处在52。

20 Resnick, "Politics on the Internet", 53-54.

21 Berners-Lee et al., "A framework for Web Science", 7-12.

22 Lessig, *Code*.

23 Berner-Lee et al., "A framework for Web Science", 107-109.

24 Resnick, "Politics on the Internet", 68.

25 Samuel D. Warren & Louis D. Brandeis, "The right to privacy", *Harvard Law Review*, 4 (1890), 重印于 Adam D. Moore (ed.), *Information Ethics: Privacy, Property and Power*, Seattle, University of Washington Press, 2005, 209-225。

26 Balkin, "Digital speech and democratic culture", 324.

27 Sergey Brin & Lawrence Page, "The anatomy of a large-scale hypertextual Web search engine", *7th International Conference on the World Wide Web*, 1998, http://infolab.stanford.edu/~backrub/google.html.

28 Berners-Lee et al., "A framework for Web Science", 99-109.

29 Tim Berners-Lee, James Hendler & Ora Lassila, "The Semantic Web", *Scientific American*, May, 2001, Grigoris Antoniou & Frank van Harmelen, *A Semantic Web Primer*, Cambridge, MA: M. I. T. Press, 2004, Nigel Shadbolt, Tim Berners-Lee & Wendy Hall, "The Semantic Web revisited", *IEEE Intelligent Systems*, 21 (3), 2006 96-1-1, Berners-Lee et al., "A framework for Web Science", 18-23.

30 Hugh Glaser, Harith Alani, Les Carr, Sam Chapman Fabio Ciravengna, Alexiei Dingli, Nicholas Gibbins, Stephen Harris, M. C. Schraefel & Nigel Shadbolt, "CS AKTive Space: building a Semantic Web application", 载 C. Bussler, J. Davies, D. Fensel & R. Studer (eds.), *The Semantic Web: Research and Applications (First European Web Sysmposium, ESWS 2004)*, Berlin: Springer-Verlag, 2004, 417-432。

31 Paul Marks, "Keep out of MySpace", *New Scientist*, 10 June, 2006.

32 Boanerges Aleman-Meza, Meenakshi Nagarajan Cartic Ramakrishnan, Li Ding, Pranam Kolari, Amit P. Sheth, I. Budak Arpinar, Anupam Joshi & Tim Finin, "Semantic analytics on social networks: experiences in addressing the problem of conflict of interest detection", *World Wide Web Conference 2006*, Edinburgh, Scotland, May, 2006, http://www2006.org/programme/files/pdf/4068.pdf.

33 Daniel J. Weitzner, Jim Hendler, Tim Berners-Lee & Dan Connolly, "Creating a policy-aware Web: discretionary, rule-based access for the World Wide Web", 载 E. Ferrari & B. Thuraisingham (eds.), *Web and Information Security*, Hershey PA: Idea Group Inc, 2005, http://www.w3.org/2004/09/Policy-Aware-Web-act.pdf。

34 Weitzner et al., "Creating a policy-aware Web".

第六章
一个人最好的朋友是他的博客：Web 2.0

私人化空间的属性：对作者的需求

我们曾争辩说，万维网是一个介于完全的公共空间和完全的私人空间之间的一个私人化空间，而这种空间对于公共舆论的形成和有关社会的建设性讨论的发展都是非常重要的。但是在1995—2005年的互联网大发展期间，使人们能够**阅读**网络的浏览工具的发展速度超过了**发布**信息和意见的工具。在某些领域，对话面临着几乎完全变成独白的危险。但是后来信息发布工具在一种名为 AJAX（异步 JavaScript 和 XML）的新程序语言的推动下迎头赶了上来。这种语言通过在网页使用者和服务器之间进行少量的数据交流的方式使网页更具响应性，从而实现在无须重新编写程序的条件下对网页的更新。与以前相比，互动变得简单得多了。这些工具在很大程度上纠正了作者和读者之间不平衡的问题；如今在网上发表意见要比以前容易多了。

随着在网上写东西的人的数量日益增加，万维网日益深入到了人们的私生活之中，而人们在网上的行为仍然具有很强的公共性质。例如，博客就反映了公开性和隐私之间的复杂关系。人们在博客中讨论对他们自己来说重要的事情。这些事情可能是对伊拉克的入侵、酷玩乐队（Coldplay）的最新专辑、家用染发工具使用过程中所遇到的困难、当天所发生的重大事件，或者是其他一些只有很小的一个熟人圈中的人才能够理解的事情。人们在博客中只表达其自己的意见，他们不对任何人负责（条件是他们的博客不违反规范所有形式的言论的法律）。在这个意义上，博客是一种非常私人化的事物。但是人们的这些私下的无关紧要的冥想或咒骂又是公开的，是给那些与博主毫无关系的人看的。一个博主的权威性取决于他所写的东西是否有影响力，而他的地位和资格则并不重要。

于尔根·哈贝马斯（Jürgen Habermas）对18世纪使私人化空间得以在广泛的社会中带来政治和制度变革的三个因素做出了区分。首先，（与朝廷不同的是）等级所起到的作用很小；公共舆论并不是一个平等主义的空间，而是在一定程度上具有精英管理的特征。对一个人的评价是基于他提出的论点的质量或他所拥有的财富的大小，而不是他的贵族身份。其次，人们在私人化空间中讨论他们感兴趣的问题，但这些问题并不一定属于被朝廷或教会承认为合法的讨论领域。再次，当时人们有一个心照不宣的假设，那就是社交聚会只有在更为广泛的社会参与的环境中才能够发生。[1]这三个因素同样出现在了21世纪的新媒体之中。尽管如此，我们还应该注意到，正如18世纪要求私人化空间中的参与者具有某种教养和受教育程度，在21世纪也同样如此——一个人要成为一名成功的博主，那么他必须具有一定程度的技术水平和文化悟性。这些空间并不真的像我们想象的那样民主，至少在数字鸿沟仍然存在的情况下如此。

汉娜·阿伦特（Hannah Arendt）也区分出了一个存在政治活动的私人化空间——一个使我们走在一起，但又超越我们实际关系的共同世界。在时间上它能够跨越我们的自然生命周期，但是"它只有在出现于公共空间的情况下才能够历经数代而不衰"[2]——尽管与哈贝马斯相比，她更多是从哲学而非历史的视角来讨论这一问题。[3]她对私人化的这种描述在新的媒体中也有相应的三个重要特征：首先，它是人为创造的；其次，它有空间属性，因而政治行为发生在一个使公民能够不期而遇的公共空间之中；再次，在这种私人化空间中，行为人有其自己的理想，因而他们并不总是以个人利益出发，而是能够理解、表达和捍卫某些公共利益。

私人化空间促进了某个领域或整个社会中公共生活对它的特性描述都默认这一空间中的对话是双向的。在那里人们既听也说，既读也写。当然，有些人要比其他人更具有影响力，他们比其他人拥有更多的读者和听众。但是每个人都有表达自己意见的机会。最近的一些发展使得万维网成为了一个更加完善、更具对话性的空间。

Web 2.0

Web 2.0是指那些对万维网的发展起到促进作用的高度参与性技术。这个术语的应用范围非常广泛，并且人们对于它究竟是代表了一种真正的发展还是仅仅为一种概念的炒作这一问题仍然有着不同的意见。它的特征就是一系列高度受欢迎的、由使用者自己所创作的内容所占据的空间。其中一项重要的技术就是博客。在那里人们撰写内容并且将其发布出来供所有人阅读。博客的音频（有时也可能是视频）版本就是"播客"（podcast），一种可以下载并用来播放的媒体文件。有些博主和播主可能在网络世界中产生极大的影响力（但是其中大多数都是在传统媒体世界已具有很大影响力的人物）。Web 2.0 导致了由各种各样的人组成的网络以及比标准万维网使用者所熟悉的搜索方法更为灵活的方法。Web 2.0 发展对于许多人来说是一件出乎意料的事物。虽然据称这一术语是在 2003 年才出现的，但是现在它已经是万维网最酷的一个组成部分。[4]世界上第一个博客出现在 1997 年。十年之后，博客搜索引擎 Technorati 估计博客的数量已达到了 7000 万个[5]，并且目前这一数量正以每天 12 万个的速度增长——相当于每秒钟增加 1.4 个。高达 57% 的美国青少年在网上发布过内容。[6]众所周知的 Web 2.0 网站包括：

YouTube[7]——一个允许人们观看由该网站使用者上传的免费视频共享网站。

Flickr[8]——与 YouTube 相同，只不过它是一个照片网站。

Del.icio.us[9]——存储和分享网络书签的网站。

MySpace[10]——社交网络网站，允许使用者发布个人信息、博客和其他相关信息。使用者可以通过他们的朋友与其他朋友链接，从而形成一个网络结构；一个人可以通过链接找到他所喜欢但尚未结识的朋友。毕竟，如果 A 喜欢 B，B 喜欢 C，而 C 又喜欢 D 的话，那么 A 也很有可能会喜欢 D——即使他们从未谋面。虽然这个网站仍然没有盈利，但它已经是最受欢迎的网站之一，拥有超过 1 亿名用户。如今 MySpace 已为鲁伯特·默多克（Rupert Murdoch）的新闻国际集团所购买，售价高达 5.8 亿美元。这表明传统媒体是多么重视新兴媒体。

Wikipedia（维基百科）[11]——一个在线百科全书，其内容由使用者自己创建。令人感到惊奇的是，它的内容相当可靠。

这些众所周知的应用软件为人们创建和分享各种信息开辟了新的途径。当然，它们的动力主要来自人们社会交往的愿望。有一些社交网站实际上是找对象网站，它们起到了婚姻介绍所的作用，但是与后者相比又多了很多花样。如 mysinglefriend.com 这个网站使人们能够宣传他们的单身朋友（或者他们自己——"我有一个'朋友'"）的魅力。[12] Illicit Encounters（"不当接触"）这一网站"为女人和男人提供谨慎和保密的婚外约会服务"——换言之，它是一个婚外恋网站。"不管你出于何种理由来到我们的网站，我们都可以为你提供帮助。你陷入了一场无爱的婚姻之中，渴望获得关注和情感？你的性伴侣不在身边或者由于太累而无法给予你你所应该得到的关注？你根本就没有爱情生活？你只是希望在生活中寻找一些刺激？那么你不必因此而结束你的婚姻。在这里你可以在完全保密的条件下遇见像你一样的异性。"[13] 很显然，在这种网站中，尽管女性可以免费加入，但是男女比例还是不平衡的。[14] 甚至还有一个专门为妇女服务的介绍婚外恋的网站。它有一个很可爱的名称，叫做 tummybutterflies.com（"肚子里的蝴蝶"，即焦虑不安，心神不宁的意思——译者注）。该网站对访问者发出以下措辞严厉的警告：

> 并不是每个人都适合有婚外恋。婚外恋并不是改进或结束婚姻的替代品。并不是所有的婚外恋都会对婚姻产生积极影响。有些婚外恋可能会对婚姻具有很大的破坏作用。在决定寻求婚外恋之前一定要考虑一下对其他人的影响。请谨慎选择你的婚外恋伴侣。[15]

毫无疑问，这些网站都有着很严格的保密政策。

有性的地方肯定也会有科学家的身影。他们也需要交谈和分享信息。有一个名叫 myExperiment（我的实验）[16]的 Web 2.0 网站就是建立在 MySpace 基础之上的，其目的就是让科学家能够相互合作，分享经验、专业知识和信息，并建立研究小组。科学家们正在向青少年网民学习如何建立虚拟社群。

Web 2.0 的另一个发展方向就是开发所谓的"群体智慧"，即一个具有多样性的群体为解决某一特定问题而献计献策。他们的意见如果能够以恰当的方法加以综合的话，往往会比专家的意见更胜一筹。[17]例如一个名叫 A Swarm of Angels（一群天使）[18]的项目就是一个"开放性资源"的电影项目，其目的是制作一个在互联网上获得资金和摄制人员并在互联网上发行的故事片。在本书写作之时，该项目希望说服 5 万人每人为这一项目捐赠 25 美元。作为回报，他们可以在剧本和电影摄制方面提出意见。

这些网站以及其他一些网站的特别之处在于，人们会花很长的时间创作一些免费供他人观看的内容。在这方面，人们搭便车（阅读他人发布的文章而自己不写作任何内容，观看他人发布的图像或视频而自己不拍摄任何东西）的机会是巨大的（在互联网上人们称这种搭便车的行为为"潜水"）。但是即便如此，这似乎并没有对这些网站内容的创作和发布产生影响。这与人们有关知识产权的许多法律和政治预期是相反的。

在信息还需要靠纸张传播的时代，信息的价值在于其稀缺性。你必须付钱才能够得到一本书或一篇文章，并且只有在得到许可之后才能够复制这些材料。版权的所有者在实际上被授予有关他们作品的垄断权。这种垄断直到他们去世之后很久才会终止，它曾经被认为是鼓励人们写作所必需的——如果不能从中获利，人们为什么要创作有关某个知识、某个故事或某首音乐的作品呢？然而在实际上，大多数证据都表明，这种源于自私的创造力理论是错误的。像作曲家韩德尔等伟大的艺术家在因其作品被盗版而蒙受损失的时候也没有停止过创造。即使很少有作者能够靠其作品挣钱，出版图书的数量仍然在增长。正如经济学家威廉·鲍摩尔（William Baumol）所指出的，创新者所获得的报酬并不能够反映他们的创新给社会带来的利益（这种利益是巨大的）。尽管如此，创新仍然是资本主义经济的一个内在的和系统的组成部分。[19]

当人们获得了使他们能够在网络上创建并**发表**各种作品的工具时，事实证明，上述经济理论是正确的，而源于自私的创造力理论是错误的。人们不断在网上创建各种各样的文件，其中大多数都是毫无价值的垃圾。但是谁在乎呢？由此而产生的环境使得知识产权的捍卫者们感到非常为难——腰缠万贯的摇滚乐明星或唱片公司起诉他们的粉丝或具有创新精神的网虫并不是一件很光彩的事情。我们对法律需求的理解必须与时俱进。例如，有人对起草"公共隐私法"的建议提出了批评。他们争辩说，隐私法

> ……将包括一项有关某个图像是否已向公众传播或旨在向公众传播的调查，并以此作为确定责任的一个因素。这一因素很少或者从来就不适用于非新闻摄影记者。因为……它"不可避免地"具有专门针对那些从事表达活动的个人——如从事发表或传播照片的记者——的效果，因此这一立法建议具有违反宪法的嫌疑。[20]

这一反对意见在其于 1998 年被提出之时毫无疑问是正确的，但是现在情况肯定已经不同了。截至 2005 年，仅当时还处于初级阶段的 β 版 Flickr 就拥有 24.5 万名成员。[21] 如今以显而易见的方式向公众传播图像的人数几乎肯定要比实际上所有新闻摄影记者的总数还要大无数倍。

在 Web 2.0 上，即使那些没有创建网上内容的人也能够与这些

内容进行互动。Web 2.0 的生命力在很大程度上来自"标记"——即对网上内容的分类。由使用者根据他们往往是基于自己特有的世界观所创造的标签会聚在一起就可以形成对其他使用者很有教益的语义和描述结构。许多使用者的微观判断转变成为网络内容的宏观特性描述。[22] 例如，有一个名为"热心的章鱼"的网友于 2006 年 11 月 27 日在 YouTube 网站上传了一段用吉他滑音演奏布鲁斯音乐的视频。在该视频中一名被认为是"热心的章鱼"的男子用吉他演奏了 3 分钟的布鲁斯音乐。他演奏的过程被一个正对着琴弦的摄像头录了下来。这一段视频吸引了大量的评论，其中包括 14 段视频评论，并且被人用许多关键词做了标签，如"布鲁斯"、"滑音"、"雅马哈"、"吉他"、"三角洲"、"摄像头"、"玻璃"、"podcast"、"凸起的"和"怪人"。这些标签全部——即使不是全部的话，至少也是其中的一部分——都具有很明显的重要性。如果你在网上点击"布鲁斯"一词，就会得到一个可替代的有关布鲁斯的音乐视频的列表。这些标签往往是含糊的。有人给"热心的章鱼"的视频贴上"三角洲"（Delta）的标签显然是指密西西比三角洲以及那个地区的布鲁斯音乐传统——代表这一音乐传统巅峰的是罗伯特·约翰逊（Robert Johnson）。但是网上还有许多其他标注着"Delta"的视频，其中有许多是澳大利亚演员兼歌唱家黛尔塔·古德莱姆（Delta Goodrem）的表演。然而如果布鲁斯音乐的发烧友将"三角洲"和"布鲁斯"这两个标签组合起来进行搜索的话，他们就会找到一顿丰盛的音乐大餐。标注标签是人们在网上与其他人的网络内容进行互动的一个重要的方法。截至 2006 年 12 月，已有 28% 的美国网民在网络上标注过内容；有 7% 的网民通常每天都在网上标注内容。[23] 这种在网上标注内容的巨大的努力是解决网络日益复杂化问题的一个方法——在分类和标注网络内容的过程中可以将许多人的判断会聚在一起（这又是一个集体智慧的例子）。

Web 2.0 是互联网公共方面和私人方面相互交融的地方。博主们可以谈论他们生活中的任何琐碎的事情，但是这样许多通常被认为是私生活的细节就会被披露和公开。以下这个发布于 2007 年 2 月 13 日的博客日志就是一个例子。它记录了英国中部一个忧郁的夜晚：

> 今天没有骑自行车出去游玩，也没有像往常一样做那些我认为可以给自己带来好运的事情。但是我想昨天晚上我的确放纵了一回。我现在正坐在公共汽车上，因为我今天晚上要去德比享用啤酒和咖喱菜肴。公共汽车走的是一条观光线路，途中经过博罗瓦希、斯庞顿和查德。但这对于我来说并没有什么帮助，我上班仍然迟到了。
>
> 我的老公在这一赛季快结束的时候（又）放弃了观看足球比赛。我想这主要是由于利兹队正面临着降级。但是他这么做还有一个奇怪的理由，那就是天空电视台撤销了"天空体育新闻"这一免费频道。这是一个非常让人讨厌的频道，谢天谢地，它总算被撤销了。
>
> 他还喋喋不休地抱怨那些瞎了眼的裁判、球技不佳但却拿高薪的球员、飞涨的球票价格、劣质的足球等等。
>
> 他的抱怨的确有一些道理，但是我指出，他事实上并不需要去购买这些高价的足球比赛门票，因为他并不去看比赛！我认为足球质量从来就没有高过。并且我很喜欢那些瞎了眼的裁判，因为他们会让所有这些球技很差但却拿着高工资的球员感到非常不爽。
>
> 下班之后我和一些老同学在德比见了面。在"布朗斯威

克"酒吧喝了两瓶4度的"三级跳"啤酒。然后我们又到"一千零一夜"饭馆去吃了一顿咖喱饭。我们使用了几张优惠券。我们点了一份"马德拉斯羔羊肉"。羊肉很好,咖喱也很辣,但是却做得淡而无味。芝士烤饼味道不错。我们喝了一品脱5度的"眼镜蛇"啤酒。我们在餐桌上慢慢地品尝这些食物和啤酒。我没有戴表,并且忘记了时间。最后不得不跑着去赶公共汽车。

去公共汽车站的时候发现那里没有汽车。因此不是它迟到了,就是我没有赶上。然后当我正朝着汽车站走的时候看见了它,正在离我不远的地方慢慢地向前开,然后突然加速快跑,就在我走到车站的时候开走了。当然,除了司机之外,车上的其他人都看到了我。

为了等待下一趟公共汽车,我不得不在雨中站一个小时。在汽车站牌上贴着一张有关车站变更的通知。因此他们为"红箭头"双层公共汽车所设置的候车亭现在的位置已经不对了。[24]

我们可以想象这些博客内容对于未来的历史学家来说有着不可估量的价值。但是它们将人们日常生活中的一些私密的细节公之于众,并使它们从转瞬即逝的事物变成了永久性的事物,从而将其带入到了公共领域。它们改变了我们的预想,就像18世纪伦敦的那些咖啡馆促进了哈贝马斯所描述的私人空间的发展。[25]

网络上的许多关系都具有这种公私混合的性质。如一张有关个人私生活的照片被上传到 Flickr 上面并且被标记,这样其他人就能够很容易地通过搜索找到它。一个多人网上游戏可能会涉及玩家之间非常亲密的关系。被谋杀的受害者安娜·斯维德斯基（Anna Svidersky）因为她的朋友在 MySpace 发了纪念她的帖子而在死后成名。许多与她素不相识的人都对她的死表示忧伤和悲痛。[26]一位自称艾比·李（Abby Lee）的女性博主在网上发布了对自己活跃的性生活的绘声绘色的描述之后成为了网络红人。但是后来她却因为自己的真实身份被别人披露而感到气愤不已。她解释说："谁希望自己的父母看到这些东西？这是隐私。"[27]其结果类似于一种交谈，但却是一种广播式的交谈。在这里的隐私更像是匿名，因为模糊性是许多影响网络隐私问题的根源。

一些博主远比其他人更愿意披露自己的私生活。还有人记录自己的性生活。但是没有人或很少有人愿意在博客中记录自己的犯罪行为。许多人讨论在专制国家的政治活动。这些人的隐私只能通过匿名来表达。正如一个知名度很高的案例所揭示的，这种隐私可以由于对内部证据的审查或有人对博主告密而被破坏。就像任何一种揭示自己过去的行为一样，写博客也是有风险的。

博客圈是一个迅速扩大的群体，它很快就成为了人们关注的对象。博客圈中的言论和讨论引起了人们广泛的兴趣。这导致了许多用于追踪某个想法或话题在博客空间中的传播模式的有趣的工具、技术、策略方法和数据集的开发。社会媒体分析家马修·赫斯特（Matthew Hurst）最近在花了六个星期的时间收集链接数据之后，绘制了一张博客空间中最活跃和相互联系最多的那些部分的分布图。它包括一些与众不同的区域——例如有一个区域的突出特征就是博客之间的相互链接。在这个群体中，在不同博主的帖子之间存在大量的相互引用。有一些博客人气极旺，它们成为博客空间的超级中心。有一个由一些博客发烧友所组成的相对独立博客群使用的被称为LiveJournal的系统——他们相互之间保持密切的联系，但是却很少与博客世界中的其他群体联系。

这些相互链接的交谈空间反映了当前人们的兴趣和社会问题。它们为需要了解某个想法的传播模式、某个政治行动的影响、某个新推出的产品的成功几率等问题的人提供了充足的分析空间。在人们盼望已久的苹果 iPhone 推出的当日，在博客空间所出现的全部的新帖中有 1.4% 都是讨论这个产品的。在 TechMeme 和 Tailrank 等旨在追踪博客圈中最新讨论话题的网站上出现了越来越多的用于追踪关键词的文本分析软件。目前在许多领域中都有许多人希望在不同的范围内追踪我们在博客中的交谈和兴趣，而以上所举的这个例子只是其中的一个领域。现在我们拥有了传播信息的强大工具和各种片头曲和片尾曲（OpEd）材料。我们所面临的挑战之一就是弄清楚这将如何改变我们有关新闻工作以及媒体评论的观念。当网站吸引大量读者之后所出现的一个令人担忧的问题就是，什么样的机制能够向读者确保这些网站所引用的材料和事实符合有关证据和新闻工作质量方面的标准？

拥有 1 亿使用者的 MySpace、拥有大约 3000 万用户的交友网站 Friendster[28]、拥有 4000 万用户的 Classmates Online（同学在线）[29]以及其他类似社交网络网站都提出了有关隐私和安全方面的各种问题。从技术的角度来看，这些问题都是当今"网络象征"的一个非常简单的延伸而已。我们所面临的一个令人感兴趣的挑战就是：所有这些零散的"自助发布"以及对其他个人的提及在总体上意味着什么？人们在社交网站上发布有关他们自己的各种信息——并且往往还会使用他们的真名。其中大多数信息都是无害的，但是它们可能包括他们的朋友和活动以及他们所看到的博客的详细信息。其中往往还包含他们的性取向以及政治和宗教信仰。与乏味的中老年人相比，年轻人危险意识薄弱，更喜欢凑热闹，因此往往会透露太多有关他们自己的信息。他们中便有些人因为透露了自己酗酒、吸毒或搞同性恋的行为而失去了工作或被学校拒之门外。[30]

Web 2.0 与语义网的相遇

Web 2.0 导致了大量信息的产生。一个重要的研究课题就是如何更有效地开发这些由大家在网络上发布的信息。在这方面的一个例子就是维基百科——由使用者自己编写内容的网络百科全书。它受到广泛的称赞并且被认为是一个获得巨大成功的 Web 2.0 现象。截至 2007 年 7 月，它的条目已超过 180 万个。维基百科的条目通常由自由文本所组成，但是它们也包含不同类型的结构化信息、分类信息、图像、地理坐标、与外部网页的链接以及肯定也是非常重要的信息框模板（在维基百科中所描述的有关各种事物的一系列事实）。目前大约有 75 万个英文模板、超过 8000 个属性（论断），其中最突出的类型包括音乐、动物和植物物种、电影、城市和书。

目前很多人正在研究如何以结构化的方式在网上发布这些丰富的内容。其中的一项成果就是 DBpedia——它从维基百科中提取结构化数据并产生资源描述框架（RDF）。它实际上是维基百科的一个使人们能够快速浏览和查询的语义网。为什么这一技术如此令人感兴趣？这是因为如今我们在网络上的搜索单元要比网页小得多——我们可以直接查找数据。一些 DBpedia 应用实例显示了如今我们的数据查询可以精确到何种程度：我们可以查找出生活在莫斯科的所有网球运动员，或者美国海拔 1000 米以上的所有城市的市长！我们可以进行焦点非常明确的语义搜寻。由于 RDF 包含了基础的信息表达，因此这种数据搜索本身是可以被机器所读懂的。这意味着搜索结果可以被插入已有的网页和框架之中，或者与各种表达和直观化框架中其他数据项结合。想象一下将这种精确搜索方法应用于整个网络将会产生多么强大的功能：我们可以获得大量的事实，如将各种有关个人、经济状况、教育、健康、旅游和娱乐等网站合并到一起。语义网将成为我们用来观察数量日益增加的非常详细的数据的又一个功能强大的镜头。

个案研究：数据库"混搭"

Web 2.0 所取得的最重要的一个进展就是"mashups"——一种从各种不同来源汇集数据的应用程序。例如与谷歌混搭的 The Profane Game（亵渎游戏）[31]就是一种可以识别脏字并产生一种在 30 秒钟内列出尽可能多的脏字的游戏的网络词典和工具。在 Wheel of Lunch（午餐转盘）[32]这个网站，你只要输入你的邮政编码，它就可以告诉你今天你可以到哪里去吃午餐。在 Explore the World Map（探索世界地图）网站[33]，你在地图的任何一个地方点击一下，就可以看到在那个地方拍摄的 YouTube 视频。safe2pee（安全如厕）[34]是一个"由社区提供的有关性别中立、男女通用厕所的指南"。它帮助那些坚持政治正确立场并急于如厕的人在他们所选择的城市中找到恰当的男女通用厕所。Chicago Crime（芝加哥犯罪指南）[35]将芝加哥市警方接到的举报犯罪案件数据库中的每一个案件都标注在这座城市的街道图上。

然而并不是所有的混搭网站都是无害的。人们可以将任何两种数据的来源进行合并，从而获得合并数据库的功能。其中一种让许多人都感到有些不安的趋势就是将根据《梅甘法》必须在美国公布的因性犯罪而被定罪的人员的信息与地理信息进行混搭，从而为人们发现生活在他们社区中的性犯罪人员提供一个方便查询的网络环境。只要点击一下图标，警察所提供的性犯罪人员的面部照片就出现在电脑屏幕上了。这种信息仅需几毫秒的时间就能够被找到，并且会使用最新的登记材料，因此是最新的并且很准确（如果登记材料是准确的话）。对于担心孩子安全的父母来说，这种网站显然是很有价值的。而它们对于群众自发的维持治安组织来说也非常有价值。值得注意的是，这些网站并没有创建任何额外的信息或公开任何原本保密的信息。这些网站上的所有信息原本已经位于公共领域之中。但是当这种信息以纸质文件的形式被存储在不同的地方，或者被存储在位于不同地点的相对难以检索的数据库中的时候，一个人为了得到一张居住在他所在社区的性犯罪者的照片就必须付出很大的努力，因而只有对性犯罪者极为担心的人才会做出这种努力。在混搭网站出现之后，这种实践隐匿性已经不复存在。

数据的合并将每个数据都放入了一个新的语境之中，从而产生各种降低隐私的效果。混搭网站的非正式性意味着其所包含的信息不一定是可靠的——除非有人愿意通过漫长的编辑程序来确保其来源的可靠性和准确性。信息的拥有者不知道，或者不在意别人以这种方式使用其信息，而网站的开发者并不拥有这些信息，因此无法审查其可靠性。举一个明显的例子，如果某个人的名字错误地出现在了性犯罪者登记册上，或者更有可能的情况是，当法定期限届满之后，他的名字没有从登记册中删除，那么负责管理性犯罪者追踪网站的人是不大可能发现这种错误并在网站上做出更正的。

一位名叫汤姆·欧瓦德（Tom Owad）的顾问用一种巧妙的方法展示了混搭网站的危险性。他将亚马逊网上书店上的书签与谷歌地球进行混搭，但是在此过程中耍了个小花招。亚马逊网上书店的所有用户都会留下有关自己的姓名和所在城市的信息。而这些信息往往就足以使他人能够通过 Yahoo! People Search 查找出他们的个人地址，并且通过谷歌地球得到这一地址的详细的卫星图像。他通过对书签进行过滤得到了一个对颠覆性图书感兴趣的人员的名单。由此产生了一个颠覆性图书读者在全世界范围内的分布图。只要点击其中的任何一个读者，我们就可以得到其住所的高清晰卫星图像。当然欧瓦德这么做的目的只是向我们揭示了一种可能性，而不是创立一个真的能够为"思想警察"所使用的系统，但是……[36]

注 释

1 Habermas, *The Structural Transformation of the Public Sphere*, 36-37.
2 Hannah Arendt, *The Human Condition*, Chicago: University of Chicago Press, 1958, 55.
3 Arendt, *The Human Condition*, 22-78.
4 "The enzyme that won", *The Economist*, 11 May, 2006.
5 http://www.technorati.com/.
6 Andreas Kluth, "Among the audience", *The Economist*, 20 Apr., 2006.
7 http://www.youtube.com.
8 http://www.flickr.com/.
9 http://del.icio.us/.
10 http://www.myspace.com/.
11 http://en.wikipedia.org/wiki/Main_Page.
12 http://www.mysinglefriend.com/.
13 http://www.illicitencounters.com/.
14 Katie Allen, "Seeking romance: GSOH and Web 2.0 compatibility essential", *The Guardian*, 12 July, 2007.
15 http://www.tummybutterflies.com/.
16 http://myexperiment.org/.
17 James Surowiecki, *The Wisdom of Crowds: Why the Many Are Smarter Than the Few*, London: Little, Brown, 2004.
18 http://www.aswarmofangels.com/.
19 William J. Baumol, *The Free-Market Innovation Machine: Analyzing the Growth Miracle of Capitalism*, Princeton: Princeton University Press, 2002.
20 T. Allen et al., "Privacy, photography and the press", 载 Moore, *Information Ethics*, 355-372, 此处在 360-361。
21 Jim McClellan, "Tag team", *The Guardian*, 3 Feb., 2005.
22 Berners-Lee et al., "A Framework for Web Science", 31-33.
23 Lee Rainie, *28% of Online Americans Have Used the Internet to Tag Content*, Pew Internet & American Life project, 31 Jan., 2007, http://www.pewinternet.org/pdfs/PIP_Tagging.pdf.
24 Fit for Nothing, 08.05 From London St Pancras, 13 Feb., 2007, http://fit-for-nothing.blogspot.com/

2007/02/0805-from-london-st-pancras.html.

25 Jürgen Habermas, *The Structural Transformation of the Public Sphere*, trans. Thomas Burger, Cambridge: Polity Press, 1989.

26 Tim Jonze, "Death on MySpace", *The Guardian*, 15 May, 2006.

27 Zoe Williams, "'I don't write to titillate. I censor like crazy to make my blogs less erotic'", *The Guardian*, 11 Aug., 2006. 应该补充说明的是，Zoe Williams 是采访博主的记者，而不是博主本人。

28 http://www.friendster.com/.

29 http://www.classmates.com/.

30 Paul Marks, "Keep out of MySpace", *New Scientist*, 10 June, 2006.

31 http://imagine-it-org/google/profanegame.htm.

32 http://www.coverpop.com/wheeloflunch/.

33 http://www.virtualvideomap.com/.

34 http://safe2pee.org/beta.

35 http://www.chicagocrime.org/.

36 Tom Owad, *Data Mining 101: Finding Subversives with Amazon Wishlist*, 4 Jan., 2006, http://www.applefriter.com/bannedbooks.

第七章

他们通过窥探征服世界：
审查、决定权隐私和意识形态隐私

在本书前文中，我们主要关注的是对隐私的最普通的解释，即信息的主体保留对信息传播的控制权。然而在网络上出现了其他类型的隐私。在本章中我们将讨论"决定权隐私"，即在不受阻挠的条件下做出自己的决定的隐私，和"意识形态隐私"，即追求自己认为是美好或正确的生活，而不被迫去过符合他人理想的生活的隐私。我们将强迫个人接受该国内部标准或其他标准，从而侵犯其决定权隐私或意识形态隐私的做法称为"审查"。这是目前网络上的一个热点问题。我们首先将讨论隐私的这两个方面，然后再看一看窥探者是如何来到互联网之上的。

决定权隐私

乍看起来，做出自己决定的能力似乎是一种很奇怪的隐私类型——它似乎更属于行为自由，而不是沃伦和布兰代斯所描述的不受干涉的权利。有关决定权隐私的最著名的阐述来自美国最高法院在罗伊诉韦德案中的判决——对于不生活在美国的人来说，这听上去有些奇怪。这一判决确立了妇女在美国堕胎的权利。[1] 它认为反堕胎法侵犯了美国宪法第十四修正案中有关正当程序条款所确立的隐私权（即当政府在剥夺个人生命、自由或财产时必须尊重其所有的法律权利的原则。该原则旨在防止法律系统违反有关公正的基本理念）。在胚胎"存活期"（即离开母体能够存活的阶段）之前妇女有权终止妊娠。法院做出裁决，虽然得克萨斯州（该案的争议焦点就是该州的反堕胎法）具有防止或劝阻妇女接受危险的医疗手术以及保护未出生生命的合法利益，但是这些利益并不能够压倒最高法院在先前的判例中所确认的、个人根据宪法第十四修正案和正当程序条款中享有的在隐私方面的宪法权利。在这一语境中，也许我们最好将决定权隐私看作是个人对其"不可侵犯的人格"的控制权的另一个方面。决定权是个人的私事，国家没有权利对其进行规制。

决定权隐私肯定会对网络世界产生影响，有许多在网络上主张这种权利的例子。例如在美国各州，网络赌博业差不多都是被禁止的。[2] 个人有关扑克牌赌博或赌马的私人决定的能力在大多数州都受到了严格的规制。根据美国法院的相关判例，各州实施这种管制的利益可以压倒人们的隐私权。赌博网站在美国境外兴旺发达，对此美国政府采取了一系列措施，包括阻止银行办理对赌博网站的信用卡支付业务，并以敲诈勒索的指控逮捕那些不明智地进入美国管辖权范围内的赌博网站的经营者。在欧洲，法国政府以及德国的一些州也对海外赌博业采取了严厉的措施，以保护政府在赌博领域的垄断地位。

中国对网上游戏实施了一系列的限制。多人在线游戏《魔兽世界》吸引了全世界数十万，有时甚至数百万的游戏爱好者。但是中国政府试图将每个玩家每次玩此游戏的时间限制在三个小时之内，以防止年轻人上瘾（在中国，网络游戏上瘾曾经导致多起悲剧，其中包括一起谋杀案）。那些玩此游戏超过三小时的人会发现他们在游戏中的角色因为力量和能力的丧失而变得脆弱。他们必须等待五个小时之后才能够继续玩这个游戏。[3]在这个例子中，对互联网的规制（不管这种规制是否正当）也会削弱决定权隐私。

意识形态隐私

意识形态隐私是不受干涉地持有自己的意见的能力。在西方民主国家中人们普遍认为一个人持有何种宗教或政治观点是他自己的事情。然而在世界上的许多国家中情况并非如此。同样，在反恐战争的背景下，一些民主国家的政府对困扰互联网的极端主义和少数人利益感到惊恐不已。特别是在网上有一种很强的无政府主义倾向。[4]还有一个危险就是许多人可以使用互联网的过滤功能过滤掉反对意见，只阅读或听取对新闻和文化的煽动性的解释。[5]从那些在美国实施校园枪杀案的青少年哥特虚无主义者到伊斯兰新原教旨主义者[6]——这些互联网用户是非常危险的，因为他们不是通过政治途径（通过这种途径他们会遇到各种替代性或相反的观点），而是通过直接或暴力的方式与世界发生互动。例如，在 2007 年 1 月，受人尊敬的美籍土耳其记者赫伦特·丁克（Hrant Dink）遭到一位少年的谋杀，因为这位少年在网上看到了有关丁克的虚假报道之后错误地认为他侮辱了土耳其人。[7]

有关言论自由的问题是所有交流形式中最为迫切的问题。但是网上论坛更容易吸引那些极端和非标准观点，其部分原因在于网络上发表意见的障碍非常之小。种族主义分子或极端无政府主义分子很难在"体面"的报纸或广播电视中发表他们的观点。邮件炸弹恐怖分子泰德·卡辛斯基（Ted Kaczynski）为了在《纽约时报》和

《华盛顿邮报》上发表其名为《工业社会及其未来》的宣言甚至不惜实施恐怖要挟活动。

有关压制的意识形态

就网络隐私而言,意识形态起着两方面的作用。意识形态隐私往往会受到威胁,但是威胁这种隐私的人通常会用意识形态方面的理由来证明其行为的正当性。有关隐私是自主权的必要条件的自由主义观点在许多西方民主国家中已几乎成为一种共识,并且被庄严地载入美国宪法。但是这种观点遭到了各种不将表达自由或无限制的行为自由看作是最高价值的意识形态的反对。这些压制性意识形态并不都是邪恶或愚蠢的——它们是对特定的政治和社会问题的完全合理的反应,尽管最终它们不能为大多数网民所认可。特别是它们往往根植于特定社会的基本理念之中,并且互联网上的自由主义者也应该警惕"准帝国主义"将互联网的各种自由强加于那些担心色情、赌博或社会动乱的社会。"万维网"这一名称本身就意味着它是全人类所共享的一种资源,但是并不是所有人类都具有开放和自由的理想。这也许是一件遗憾的事情,但并不能改变一个事实,那就是对于许多人来说,网络是威胁特定文化基础的众多具有侵扰性、全球性技术之一。我们应该预料到互联网既会受到欢迎,也会受到抵制。

在讨论对互联网的审查之前,让我们首先简要地回顾一下与压制性意识形态相联系的文化的一些特征。这些意识形态不同于被庄严载入美国宪法,构成美国传统主要特征,并激励着互联网的创建者和发展者(他们主要在美国大学之中)以及绝大多数用户的自由主义。我们将简要考察几种在不同环境中产生的有关隐私的非自由主义观点：中国的民族主义观点，新加坡的实用主义观点，伊斯兰世界的具有宗教背景的观点，以及最近由学者提出的有关社会和谐的观点。

民族文化：中国

中国得益于从法家到墨家、从佛教到道教等各种社会和政治学说，但是占主导地位的思想流派也许就是儒学——它是一种试图在社会公正与一个不平等、等级化并且往往是残酷的社会现实之间达成某种平衡的高度社会化和世俗化的学说。生活在混乱的封建社会的孔子，以及孟子等生活在离孔子的时代不远的时代、信奉孔子学说的思想家们都试图在不诉诸颠覆整个社会的革命方案的条件下建立某种秩序。

中国哲学的发展路径与西欧的不同之处在于，中国人趋向于将现实理解为一系列关系，而欧洲人则将现实理解为一系列实体。[8]这自然会导致一个结果：那就是中国人注重在自己与其他物体和人所构成的独特的关系网络中寻找自己的身份，而不注重于发现物体或人本身的各种属性。而后者，即欧洲的世界观，使得隐私相对更加容易理解——既然有关物体和人的重要属性并不取决于外部影响，那么我们很容易想象这些影响被排除的情况。然而从中国的视角来看，将一个物体或人从其周围的环境中孤立出来就会切断其与环境的联系，从而破坏其重要的属性。

正如一位畅销小说家所说，"privacy"（隐私）这个英文单词很难翻译成汉语。他有好几次都难倒在这个词上。[9]就像西方文化一样，中国发展出许多不同类型的公/私区分：如公共利益/私人利益、公德心/私心或未经许可、公开/私下。总的来说，私包含了很多负面的含义，而公则受到人们的赞许。私似乎暗示着一个秘密、地下和不道德的世界。另一方面，私所关注的焦点可能超出了个人，它可能是指某个基于血缘的宗族的事务。在这种情况下，旨在增加宗族利益的私人活动就被看作是让祖先在天之灵高兴的事情，因而也会得到他们的保佑。[10]另外，在政府解体的动荡年代，公共领域失去了一部分吸引力，而私人领域则显得更加适宜了。[11]

在毛泽东去世和"文革"结束之后，随着中国社会朝着更为主流的方向发展，中国走上了一条非常特别的改革之路：在经济领域实行市场化。在这一朝着具有传统资本主义社会的一些但不是全部特征的社会的发展过程中，一个用于消费的私人空间被创造了出来，但是许多中国人都认为这一私人空间是空洞而又冷漠的。这种冷漠在哈金的小说《等待》的结尾部分有所暗示。[12]

务实文化：新加坡

新加坡很脆弱。它是一个被夹在马来西亚（新加坡在独立之前的一个短暂时期内曾经是马来西亚的一个州）和印度尼西亚这两个区域大国之间的面积不到700平方公里的城市国家——在历史上它与这两个国家之间的关系一直不是很友好。在民族构成方面，新加坡是个多民族国家：其人口中华人占76.3%、马来人占13.8%，印度人（主要是泰米尔人）占8.3%。自从其独立以来，确保其边境不受外部侵犯和防止内部种族冲突就一直是该国的核心政策。

它是一个民主国家，定期举行公正的选举。然而其执政的人民行动党通过其所设置的各种法律障碍和支持它的媒体牢牢地控制了这个国家的政治生活。在自从这个国家独立以来所举行全部十次大选中，它都极为轻松地取得了胜利（在2006年5月举行的大选中，人民行动党赢得了 66.6% 的选票以及议会 84 个席位中的 82 个席位——其中 37 个席位是在没有竞争对手的情况下赢得的）。反对党所赢得的议会席位一直都是寥寥无几。这种对于西方国家来说难以想象的情况在新加坡却被人们所接受，因为人民行动党成功地为这个国家的人民提供了安全和繁荣（2003 年新加坡的人均国民生产总值为 21230 美元，与英国相当，并且远远超过了周边国家）。[13]

政府提供安全的手段就是经济增长——它可以保证政府的合法性，缓解种族矛盾，并为有效的国防提供资金。其结果是这个国家为了实现有效的政府管理而牺牲了很多东西。人民行动党实行开放经济政策，避免进口替代。与此同时它又通过淡马锡（Temsek）等与政府有关系的大公司对经济保持相当程度的控制。它努力使新加坡工业处于经济发展的前沿。其最近所采取的策略就是强调知识经济。它通过对立法和行政部门的完全控制以及从工业界高层管理人员中招聘官员的方式操纵经济。[14]它是一个奉行精英主义和能人统治的务实政府。

其结果在西方人看来是一种杂交怪物：它是一个真正的民主国家，它举行自由和公正的选举；它的政府是负责的（人民行动党在 1984 年的大选中表现特别糟糕，仅获得了 62.9% 的选票。虽然它赢得了议会 79 个席位中的 77 个，但是其中一些是以微弱优势获得的。在此之后该党对其政策纲要进行了影响深远的改革）。政府中很少发生腐败现象。但是与此同时，由于政府对公共舆论的表达的控制，新加坡在总共列有 167 个国家的 "世界新闻自由指数排名表" 中名列第 140 位。它在事实上是一个一党制国家；我们可以称之为非自由主义民主国家。[15]根据这个国家政府的观点，为了维持社会的安全和繁荣（有人争辩说，也为了保持人民行动党的至高无上的地位[16]），隐私是可以而且应该被牺牲掉的东西。

在这种家长式资本主义制度中,隐私受到了相对的限制。在新加坡有充足的私人财产、私人权利和安全,因此在这个意义上私人空间得到了很好的保护。但是另一方面,那些被认为违反有关良好社会的观念的行为自主权受到了压制(在这方面最明显的一个例子就是如今已经被废除的禁止吃口香糖的法令)。个人意见没有隐私性:媒体,甚至互联网都受到媒体发展管理局的监视。人们在对人民行动党提出批评时必须小心谨慎,掌握分寸。尽管政府早在1992年就开始审议有关建立政府数据保护局的建议,但是直到如今这个机构仍然没有建立。[17]

宗教文化:伊斯兰

如果我们关注伊斯兰的例子的话,我们当然应该谨防有关存在着一类具有一系列固定特征的伊斯兰文化的假设——伊斯兰世界从摩洛哥一直延伸到印度尼西亚,并且有大量的穆斯林作为少数人生活在非伊斯兰社会之中。因此伊斯兰世界是千变万化的。尽管如此,为了讨论当前的问题,我们可以对伊斯兰世界进行一些适度的概括性描述。在伊斯兰世界中隐私被赋予了一种独特的价值。例如,《古兰经》上说,对于信徒来说,妻子"就像你们的衣服,正如你们也像她们的衣服"。[18]换言之,家庭单元就像一个人的衣服一样,是划分出私人空间的一个微环境。但是伊斯兰隐私具有公共方面,并且穆斯林可以将在西方人看来属于公共性质的空间转换为私人空间——在这方面最明显的一个例子就是信徒在每日数次的祈祷期间可以在世俗空间划分出一个面向麦加的神圣空间。[19]许多评论者警告我们不要将传统的西方概念(公/私、正派/无耻)强加于伊斯兰世界。[20]

在伊斯兰世界的大部分地区，隐私是与住宅和家庭相联系的。近年来许多有关这一话题的讨论都集中在妇女的待遇以及妇女戴面纱的习俗之上。面纱也建立了一个保护妇女免受陌生男人注视的私人空间。这往往被女权主义评论者看作是一种控制手段，一种男人利用隐私使女人边缘化的工具，[21]但是人们对这一点还存在争议。例如，面纱也可以是一种表示身份和社会地位的方法。[22]加利福尼亚的一位学者声称面纱实际上是一种女权主义的大胆表白形式和反抗殖民主义传统的标志。[23]尽管这一说法很难令人信服，但是面纱的确被一些年轻女孩用来赢得男孩的尊重——在诸如法国穆斯林聚居的郊区和其他欧洲贫困社区尤其如此。[24]

另一方面，著名的伊斯兰理论家塔里克·拉马丹（Tariq Ramadan）争辩说，虽然妇女戴面纱在名义上是自愿的，但是在实际上却是强制性的：

> 通过强迫妇女戴面纱的方法向她们宣传伊斯兰教义的做法与不事先实行必要的改革而在社会平面上适用一系列惩罚性规定的化约主义有着异曲同工之妙。重弹有关伊斯兰教"不存在宗教强制"的老调并不能够改变如今一些穆斯林妇女面临压力和受到压制的现实。[25]

换言之，意愿和控制是评判有关戴面纱的习俗究竟是妇女的隐私还是对妇女的压迫这一问题的关键。沙特阿拉伯禁止妇女进入超市中出售CD和DVD的区域的做法[26]肯定不是为了保护隐私，而是为了限制妇女获得可能包含不道德内容的流行音乐和好莱坞电影。当保守的伊斯兰文化——在这种文化中隐私起着关键性作用——遭遇到无拘无束的万维网的时候，冲突的发生是不可避免的。

社群主义

以上所讨论的非自由主义意识形态都或多或少地根植于某个特定的社会之中——其中新加坡的意识形态也许比其他几种更具自上而下的特征。尽管如此,并不是所有的意识形态都根植于更为广泛的文化基础之中。其中有些是由大学中的知识分子所构想出来的。社群主义就是最近的一个例子。它在被某些人认为利己主义蔓延,社会责任缺乏的西方世界曾流行一时。它的主要观点就是:一个良好的社会应该具有既能够保护公共利益又能够保护个人权利的原则。相比之下,自由主义社会被认为是偏重权利的,因而在社群主义者看来是不平衡的。[27]

从本质上说,社群主义是为了反对日益强大的个人主义——尤其是在美国——而发展起来的。沃伦和布兰代斯的论点在社群主义对美国历史的描述中起着核心作用。[28] 在其于1890年出现之前,美国一直是一个很看重社群价值的国家。在某些领域(特别是种族歧视领域)表现出了不公正的极权主义倾向。诸如洛克、亚当·斯密和密尔等伟大的自由主义思想家以及沃伦和布兰代斯本人都试图更正这种在18世纪和19世纪背景下被认为完全合理的不平衡现象。

但是在沃伦和布兰代斯在其具有划时代意义的回顾中确立了不受任何限制、独立于所有其他权利的隐私权之后,这种平衡发生了变化。到了1960年左右,个人权利在社群主义的描述中占据了优先地位。反文化的自我表达和对个人自主权的颂扬在20世纪60年代成为了时尚,以至于那些从自己的文化中寻求道德指引的人都被看作是墨守成规者——或者按照当时的话说就是"老古板"。那些崇尚个人主义,拒绝因循守旧的人使用了约翰·斯图尔特·密尔所提出的一个重要概念，那就是我们都是具有理想的人，因而能够并且应该决定我们自己的道德原则，而不是盲目地接受别人的道德原则。[29]这种谬论在20世纪80年代继续流行，亚当·斯密的市场学说被用来鼓吹毫无节制的自利主义。其结果是，到了20世纪末，社群遭到严重破坏，个人变得至高无上。

社群主义者并不认为隐私是一项权利，而是将私领域看作是一个空间。在这一空间中，个人（或群体）能够合法地在不向他人透露有关自己的信息或不被他人问责的情况下行事。因此隐私是以一种社会许可为条件的。它是一种规范性概念，而不是一种有关不受监视的简单的经验主义概念。[30]

社群主义者并不反对对我们可能会认为属于私生活的干预，而是对什么是合法干预和什么是非法干预做出了明确的界定。政府控制不是好事，但是许多社群主义者认为，人们有关自己的自由受到国家侵犯的担忧过于极端了。总的来看，就个人隐私而言，来自强大的私人机构的威胁实际上要大于来自政府的威胁。但是遏制具有破坏性的个人主义行为的一个重要的因素就是社群本身。正如艾齐厄尼所指出的："减少政府控制和干预的最好的方法就是减少一些隐私。"[31]

在上文中我们描述过公私领域之间的三个层面的区别：公领域（国家）、私领域（家庭）和公共舆论这一私人化领域。而社群主义者则将其做出了四个层面的区分，即将私人化领域进一步划分为两个领域：即建立在个人选择之上的市场和社群——后者"依赖于通过社群的承认、赞许和责备等微妙的方法培养亲社会的行为。这些过程要求对某些行为进行审查。但是实施这种审查的不是警察或特务，而是朋友、邻居以及志愿社团的其他成员。"[32]这种社群还可以被进一步细分为许多相互独立、互不干涉的社会领域。

换言之，一个人的隐私在某一种语境中，相对于某一些人来说，是神圣不可侵犯的；但是在另一种语境，相对于另一些人来说却可能是可受干预的。[33]

审查者、窥探者以及躲避他们的方法

在网络空间中一场巨大的文化冲突一触即发。美国学者在互联网的发展过程中占了主导地位。这意味着目前相关的争论尚在酝酿之中。但是随着其他类型网民的日益增加，这种争论很快就会变得越来越激烈。目前人们已经就互联网治理的一些关键方面开展了重要的辩论。例如，有人曾经试图从美国夺取对互联网名称与数字地址分配机构的控制权，尽管这一努力尚未获得成功。[34]

支持网络自由的阵营中包括政治自由主义者和声称无限制的信息流通对于万维网的成功来说是不可或缺的技术人员；支持网络审查的阵营中包括政治非自由主义者和那些希望用离线业务模式限制在线信息流通的人；而隐私的倡导者则可能属于这两个阵营中的任何一方。那些将隐私看作保留对自己的信息的控制权的人一般会支持限制性措施，而那些希望享有决定权隐私或意识形态隐私的人则想要保持信息的自由流通。

网络空间是如何实现审查的？信息在互联网上的流通要经过五个环节，其中每个环节都可能受到干预。

1. 它始于源计算机。操作这种计算机的个人或组织通常对被传播的信息负有法律责任，但是由于他们往往处于不同于信息流通的目的地（信息导致不良后果的地方）的管辖区内，因此很难对他们进行监管。查找计算机的拥有者也可能很困难。

2. 接着，数据包通过源计算机的网络服务提供商（ISP）被发送出去。后者通常是真正的商业公司，其运作受到律师和公司法保护，因此更难对其采取法律行动。另一方面，相对于个人来说，对其执行法律判决更为容易，因为前者可能会在世界上的任何地方。

3. 在第三个环节，数据包在互联网的不同计算机之间快速传递，每个数据包的传递途径都不尽相同。由于互联网结构的宗旨就是使数据包的传递尽可能顺利和快捷，因此这是网上信息流通过程中最难监管的一个环节。

4. 然后信息就到达了目标计算机的ISP。令人感到奇怪的是，很少有ISP会因为传递来自互联网的内容而被追究法律责任。

5. 最后，信息到达目标计算机。在那里它可以受到计算机使用者的审查。许多计算机装有过滤软件，使计算机的所有者能够删除诸如他们不希望其孩子或雇员看到的信息。数字版权管理（DRM）的目的就是使计算机按照出版者而不是所有者的意愿管理内容，例如使使用者不能播放其非法下载的音乐。但是DRM越来越不受欢迎。追踪下载非法信息的人是一件很困难的事情，除非这些人留下了某种记录，如用信用卡支付这类信息。

ISP往往根据法律有义务为政府搜集信息[35]，这构成了对隐私的又一种潜在的威胁。它们还需要搜集有关浏览习惯的信息，以确保信息更为自由地流通。并且它们还会掌握有关用户网络外生活的信息，如为了收费的目的而搜集的用户的地址和信用卡信息。

我们在网络互动过程中可以通过使用诸如anonymouse.org[36]等代理服务器伪装我们的IP地址，即通过代理服务器发出信息请求。因此，实际上与网页接触的是代理服务器。远程网站只需要知道代理服务器的IP地址，但是代理服务器当然需要知道你的原始IP地址。如果一个人所使用的委托代理服务器能够确保其信息安全的话，那么交易本身就会更加安全。但是另一方面，代理服务器肯定拥有很多令人感兴趣的信息（每一个使用其服务，因而希望不暴露自己身份的人的 IP 地址以及这些用户所访问的网站），并且它们本身当然也可能遭到破坏，或者是非自由政府机构所恶意建立的。

国内审查策略

对网络审查的程度因国家而异，其差异非常之大。其中朝鲜代表了一个极端。在这个国家中有一个名为"光明网"的国家内联网（使用互联网协议的私人计算机网络）。只有数量相对较小的一些受到政府信任的人能够访问互联网。他们从互联网上收集一些他们所感兴趣的内容，并将其输入光明网。因此虽然"光明网"提供诸如婚姻介绍、电子邮件、新闻群和搜索引擎等互联网的标准服务，朝鲜人因未经许可地接触互联网而堕落的可能性相对较小。但是即使在这个国家中，新的技术也在帮助人们突破政府的控制。上网手机可能不久就可以使一些朝鲜人通过中国的手机服务系统非法地访问万维网。[37]

互联网审查并不总是由政府强加于人民的。沙特政府在各个方面对网络实施严格的审查，其审查的焦点集中在黄、赌、毒以及宗教信仰的转变等内容上，但是这一审查制度是非常透明的。它会告诉上网者那些内容被屏蔽掉了。使用者会收到有关他所查找的某个网页被屏蔽的信息，并且该信息还会链接到一份表格上。通过这份表格，使用者可以要求解除对被屏蔽网页的屏蔽，并且——更令人感兴趣的是——向政府举报其他应该被屏蔽掉的网页。根据沙特互联网服务部门的统计，该部门平均每天收到 200 个有关屏蔽某些尚未被屏蔽的网页的建议，其中 30% 的建议被采纳。在 1999 年，虽然有45%的网民认为沙特互联网服务部门的审查太过严格了，但是有41%的网民对此感到很满意，另外还有14%的网民认为审查过于宽松了。沙特当局认为这些数字表明其审查制度受到了公众广泛的支持。[38]

相比之下，新加坡的互联网审查制度是比较宽松的。由于该国追求知识经济，因此国民计算机知识的普及率很高，互联网在销售思想观念而非商品方面的价值当然也很高。就像在中国一样，新加坡当局也担心互联网可能产生的有害影响。但是它实施审查主要不是为了实行政治控制或维持一党制（虽然它很可能有这方面的动机），而是为了保持社会凝聚力。

尽管如此，新加坡政府承认巡查网络空间需要付出巨大的努力。因此其主要的策略就是集中精力对付一些它认为特别坏的网站。一些黄色网站遭到了禁止。政治和宗教网站作为互联网内容提供者必须在新加坡广播署进行注册。从2001年起，新加坡禁止非政治性网站在竞选期内从事网上竞选活动，开展民意调查或选举调查，或为候选人拉赞助。[39]一个名为开放网络促进会的网络言论自由促进组织在一个经验验证过程中发现，被屏蔽的网站数量相对较小（在他们所抽样调查的可能冒犯新加坡政府的网站中，被屏蔽掉的网站的比例低于0.5%）。[40]一般来说，由于新加坡的政治阶级很小，因此人民行动党政府仅仅通过其许可制度和以提起有关诽谤的诉讼相威胁的方法就可以进行大量的信息控制。

监　视

审查只是侵犯网络隐私的一个方面。另一个方面就是积极的窥探。事实上，在计算机发展的早期，其在窥探隐私方面的功能已经显而易见了。我们可以说最早的计算机就是被用来侵犯隐私的——但是其目的是保护一个国家的利益。在第二次世界大战期间英国人所设计和制造的机器只有一个目的，那就是破译德国军工复合体的加密信息。第一批用来破译"伊尼格玛"（Enigma）机器——德国人所使用的多转子加密机器——实际上是一种模拟电子—机械装置。这些被称为"炸弹"（Bombes）的了不起的机器是艾伦·图灵和戈登·韦尔什曼（Gordon Welchman）的天才发明。它们中的每一个都能够模拟36个"伊尼格玛"机器。通过使用300个"炸弹"，英国人通常可以在早餐之前就破译德国当天所使用的密码。[41]

在德国人使用了更为复杂的加密机器之后，英国人又设计出了一种更为了不起的装置——"巨人"（Colossus）。这种机器含有更多的电子计算机的成分。它使用穿孔带、阀门和一系列创新技术来搜索巨大的编码空间。"炸弹"和"巨人"一直是保密的，并且在战后被销毁。但是它们显示了电子信息处理技术所能够提供的了不起的能力。据估计，它们使战争缩短了两年。[42]

当然，国家安全机构监视本国或外国国民的能力是众所周知的。虽然这种工作必然被笼罩在神秘的气氛之中，但是其基本的事实已经成为公共记录。例如美国国家安全局建立了一个代号为"梯阵"（Echelon）的全球间谍系统。它截获从世界各地发出的大量的通信信息——电话、传真和电子邮件。该系统虽然是由美国国家安全局所控制的，但是它与英国的政府通信总部以及澳大利亚、加拿大和新西兰等国家中的类似机构保持合作关系。这一合作关系可以追溯到第二次世界大战期间。

"梯阵"利用一系列最新的数据开采和模式识别系统以及大量的分析人员来处理其所截获的信息。它的组件是为搜索密码词或短语（它们被称为"梯阵词典"）而设计的。在该系统的每一个"监听站"中，分析人员都会维持一份单独的关键词列表，以用来分析被系统所标记的任何交谈或文件，然后再将其转送提出截获这些信息的要求的相应的情报机构总部。[43]

美国中央情报局以其针对本国公民的秘密行动而著称。"混乱行动"（Operation Chaos）的调查揭示，中央情报局收集了成千上万个有关美国公民和一些美国国内组织的档案。根据《纽约时报》的报道，在执行"混乱行动"的过程中，"中央情报局制作了有关30万美国个人和组织的计算机索引以及7200名美国公民的详细档案"[44]。

对于犯罪组织和国际恐怖组织来说，互联网是天上掉下来的一个大馅饼。他们利用互联网做以下这些事情：就相关冲突讲述他们自己的故事——而这在受国家影响的媒体上是不可能的；发布公报和演说；用计算机游戏和简化的故事向年轻人和儿童灌输激进思想；在恐怖组织成员之间传递信息和下达命令；收集有关恐怖袭击目标的信息；招募新成员；向相关人员灌输恐怖主义思想；传播恐怖主义指南和手册，如《圣战者毒药手册》（The Mujahadeen Poisons Handbook）、《无政府主义者手册》（The Anarchist's Cookbook）和基地组织在线培训手册《先知的剑》（al Battar）；和与之具有竞争关系的恐怖组织开展有关意识形态方面的辩论。[45]

考虑到以上这些因素，我们就不难理解各国政府为什么要积极寻找拦截通信信息的方法了。在2001年9·11恐怖袭击发生后不久，布什总统签署了一项法案。这一法案有一个令人反感的名称：《使用适当之手段拦截和阻止恐怖主义行动以团结并强化美国的法案》(The Uniting and Strengthening America by Providing Appropriate Tools Required to Intercept and Obstruct Terrorism Act)。其英文缩写为"USA PATRIOT Act"（美国爱国者法案）。它加强了执法和情报机构的监视能力，并支持它们对电子邮件以及其他信息传输开展监视（这种监视行为在这一法律通过之前已经是合法的了）。例如，它们可以拦截电子邮件并且在不同的具体性和侵扰性层次上开展调查。电子邮件除了其内容外还包含很多其他信息。政府部门在拦截了电子邮件之后会根据相关授权对其开展调查。它们可能仅能够查看其标题栏。由此它们可以了解这个邮件的发送者和接收者，但是不能够了解邮件的内容。在获得了更大的授权之后，它们就可以查看信息本身及其附件。

具有争议的"肉食动物"（carnivore）系统（现在该系统已被改名为"DCS1000"，以使它听起来不那么吓人）[46]被联邦调查局用来监视互联网通信，其运作方式类似于电话窃听。它拦截在互联网上传输的数据包并对它们进行检查。它可以记录某一特定电子邮件账户接受或发送的所有邮件、某一特定 IP 地址所接收和发送的所有信息或下载的所有网页，或追踪每一个访问某一特定网页的人。它是一个被动的系统，不会改变任何信息，或阻止任何人获得任何信息。并且执法机关只能根据法院的命令来使用它。它的信息处理能力也是有限的。对这一系统的法律监督并不是完美的，在这个充满危机的时代，指望我们的邮件不受监视是不现实的。尽管如此，在 9·11 袭击所导致的狂热的气氛中缺乏对这一系统以及所有监视系统的认真审查仍然是一个问题。[47]

互联网是一个阿伦特和哈贝马斯等思想家所描述的那种兼有公私两个方面的私人化的空间。从某种意义上说，正如"肉食动物"系统这一例子所揭示的，它就像公路一样公开，因为被传送的信息包的信头包含了接收者的 IP 地址。因此信息传送路线是可以被追踪的。虽然通过加密的方式可以隐藏信息包中的内容，但是不能隐藏其目的地。正如上面所提到的，隐藏信息包目的地的方法之一就是使用代理服务器，但是那些代理服务器掌握着所有使用其服务的人的 IP 地址。如果这些代理服务器是政府或者违法分子设置的陷阱，或者成为黑客袭击的目标的话，那么其所包含的信息就会具有很大的破坏性。诸如由各种代理服务器组成的网络［所谓的"洋葱路由"（onion routing）］等更为复杂的隐藏 IP 地址的方法，其使用起来也更为复杂。

当然，政府当局也会采取相应的对策。一旦被发现，这些代理服务器就会像其他被政府所禁止的网站一样遭到封锁。但是网民智慧是无穷的。他们通过电子邮件、博客或即时通信相互传递未被封锁的代理服务器名单。甚至还出现了从一个不断更新的列表中自动寻找代理服务器的软件。例如"洋葱路由"[48]就是一个由"虚拟隧道"组成的网络。它可以将你的网上活动分布在互联网的几个不同的地方，从而大大增加了在网上追踪你的难度。每个代理服务器在被发现之前都是可用的，而发现它们往往需要一段时间。即便是拥有巨大的劳动力，行动迅速的互联网审查者要找到一个代理服务器也需要几天的时间。一般来说，一个代理服务器越是低调，其存在的时间也就越长。[49]

个案研究："下对上的监视"

我们想当然地接受的监视模式是监视者对我们进行监视，而我们则千方百计试图躲避监视的模式。但是监视者所能够使用的技术是令人吃惊的。如果我们坚持这种模式的话，那么我们在与监视者的较量中是注定会失败的。我们根本无法知道政府到底对我们进行何种监视，因为它们监视我们行为的机会实在是太多了。追踪有关我们自己的信息的使用情况是极其困难的事情，这是任何人，即使是那些在这方面有强迫症的人也无法做到的。

在这方面，法律准则对我们没有什么帮助。例如经济合作与发展组织的 1980 年准则是在互联网大发展之前制定的。它于 1998 年被经济合作组织的部长委员会修改之后被认为在新的语境中仍然是有效的。尽管如此，一些评论人，特别是隐私顾问罗杰·克拉克（Roger Clarke）在一篇详尽的文章中[50]争辩说，这一准则所提供的对隐私的保护是不充分的，因为它主要关注的是数据的跨国界流动。其目的是减少政府和公司，而不是个人所受到的损害。

最近在有关隐私的辩论出现了一个新的发展。科幻作家戴维·布林（David Brin）争辩说，我们之所以会掉进一个显而易见的陷阱之中，是因为我们看待这个问题的视角是完全错误的。根据传统的观点，保护隐私意味着在我们周围建筑一个保护性的网络围墙。但是如果这样的话，那么我们如何了解信息的使用情况呢？布林认为，在信息使用方面确保透明度的最明显的方法就是利用监视者用来监视我们的技术，以其人之道还治其人之身。对于古罗马讽刺诗人尤维纳利斯（Juvenalis）所提出的著名问题"但是谁来监督监督者呢？"我们的回答是：我们来监督。

根据布林的观点，应该在符合公平报酬、保护知识产权等原则的前提下使信息尽可能容易获得。监视信息之所以具有如此强大的力量，是因为它被少数人所垄断，而我们大多数都无法获得。多数人所能够看到的越多，那么少数人通过垄断信息获得影响力的机会就越少。这种对现状的逆转被称为"下对上的监视"（sousveillance）。[51]

例如，如果在某一区域安装了一个闭路电视监控摄像头，那么为何只能将其拍摄到的东西发送给保安或警察而不能将其在互联网上播出呢？监控摄像头的安装或多或少是不可避免的，而最根本的问题是由谁来控制它们。对于许多人来说，这听上去像是一种放弃原则的做法，并且情况比他们最初想象得更糟糕：如果一个人在停车场挖鼻子时被监控摄像头拍摄下来，那么能够看到这段录像的就不仅是警察，而且可能还包括成百上千的人。因此我们隐私的曝光程度就会大大增加。但是布林否认这种做法一定会威胁我们的隐私——他本人也非常希望保护隐私这一价值。他争辩说，公开在某种程度上可以保护弱者免受强者的侵犯。从目前的情况来看，只有富人的隐私才真正能够受到保护。那些拥有资源和具有相关技术知识的人可以聘用顾问或者购买增强隐私的设备，而其余的人则只有在任何时候都受到别人监视的份儿了。"下对上的监视"则为每个人创造了一个平等的竞争环境。监视技术的危险不在于其被太多的人所使用，而是在于其被太少的人所使用。另外，在人们所提出的有关这一问题的大多数论点中都包含一个默认的前提，那就是隐私是相对于自己而言的，而透明度则是相对于别人而言的。布林认为这是一种双重标准。公开和透明应该是相互的。

这可能导致社会的异化和分裂。但是布林不认为隐私与自由是互不相容的——事实远非如此。他认为自由极为重要，如果要他在"关爱的暴政"和自由之间做出选择的话，那么他肯会选择自由，即使是危险的自由。但是他争辩说，这种选择是一种虚假的二分法：自由和知情的人民应该能够主张并实施一些隐私，因此隐私是自由的一个副产品。

"下对上的监视"这一概念与主流自由主义有着一系列共同的前提，特别是有关自由、透明度和问责制方面的价值，但是它否认阻碍信息流通就必然会促进隐私。在自由的社会中，我们应该通过对侵犯隐私的人问责的方式来捍卫隐私。对此，更为谨慎的自由主义者争辩说，"下对上的监视"就像"上对下的监视"一样会威胁个人自主权。至于监视者是一个非常有权势的人还是一群不那么有权势的人,这并不重要。正如约翰·斯图尔特·密尔所说,公众非难某个人的行为的"软权力"确实也可能是非常具有局限性、非常不公平和非常不负责任的。[52]

注 释

1 *Roe v Wade*, 410 U.S. 113 (1973).

2 "Busted flush", *The Economist*, 5 Oct., 2006.

3 "China imposes online gaming curbs", *BBC Online*, 25 Aug., 2005, http://news.bbc.co.uk/2/hi/technology/4183340.stm.

4 Kieron O'Hara & David Stevens, *Inequality.com: Power, Poverty and the Digital Divide*, Oxford: Oneworld Publications, 2006, 167-203, 特别是 195-203。

5 Cass Sunstein, *Republic.com*, Princeton: Princeton University Press, 2001.

6 Olivier Roy, *Globalized Islam: The Search for a New Ummah*, New York: Columbia University Press.

7 Peter Popham, "Teenager admits to killing writer, but has 'no regrets'", *The Independent*, 22 Jan., 2007.

8 例如参见 Colin A. Ronan & Joseph Needham, *The Shorter Science and Civilisation in China Volume 1*, Cambridge: Cambridge University Press, 1978, 特别是 78 及以后。

9 Qiu Xiaolong, *Death of a Red Heroine*, London: Sceptre, 2006, 369.

10 例如参见 Bonnie S. McDougall, "Particulars and universals: studies on Chinese privacy", 载 Bonnie S. McDougall & Anders Hansson (eds.), *Chinese Concepts of Privacy*, Leiden: Brill, 2002, 3-24, and Maria Khayutina, "Studying the private sphere of the Ancient Chinese nobility through the inscriptions on bronze ritual vessels", 载 McGougall & Hansson, *Chinese Concepts of Privacy*, 81-96, 此处在 82-84。

11 例如 Patricia Ebrey, "The economic and social history of the Later Han", 载 Denis Twitchett & Michael Loewe (eds.), *The Cambridge History of China Volume 1: The Ch'in and Han Empires 221B.C.-A.D.220*, Cambridge: Cambridge University Press, 1986, 608-648, 641。

12 Ha Jin, *Waiting*, London: William Heinmann, 2000.

13 有关人民行动党对新加坡政治的影响的讨论,见 Diane K. Mauzy & R. S. Milne, *Singapore Politics Under the People's Action Party*, London: Routledge, 2002。有关对新加坡价值的重要阐述,见人民行动党创始人李光耀的非常具有启发性的回忆录: Lee Kuan Yew, *From Third World to First: The Singapore Story 1965-2000: Singapore and the Asian Economic Boom*, New York: HarperCollins, 2000, 特别是 3-223。

14 Kieron O'Hara & David Stevens, "Democracy, ideology and process re-engineering: realizing the benefits of e-government in Singapore", 载 *Proceedings of the Workshop on e-Government: Barriers and Opportunities*, World Wide Web Conference 2006, Edinburgh, http://www.w3c.org.hk/www2006/papers/re-eng_sg.pdf。

15 Mauzy & Milne, *Singapore Politics Under the People's Action Party*, Garry Rodan, *Transparency and Authoritarian Rule in Southeast Asia: Singapore and Malaysia*, London: Routledge Curzon, 2004.

16 Privacy International, Privacy and Human Rights Survey 2004, Republic of Singapore, http://www.privacyinternational.org/article.shtml?cmd[347] = x-347-83777.

17 Privacy International survey.

18 *The Qur'an*, trans. M. A. S. Adbel Haleem, Oxford: Oxford University Press, 2004, 2004, 2.187.

19 Fadwa El Guindi, *Veil: Modesty, Privacy and Resistance*, Oxford: Berg, 1999, 77-82.

20 El Guindi, *Veil*, 81-82 以及其他各处。

21 Leila Ahmed, *Women and Gender in Islam: Historical Roots of Modern Debate*, New Haven: Yale University Press.

22 例如 Carla Makhlouf, *Changing Veils: Women and Modernisation in North Yemen*, Austin: University of Texas Press, 31。

23 El Guin, *Veil*, 161-185.

24 Olivier Roy, *Globalized Islam: The Search for a New Ummah*, New York: Columbia University Press, 141.

25 Tariq Ramadan, *Islam, the West and the Challenges of Modernity*, trans Said Amghar, Leicester: The Islamic Foundation, 2001, 53.

26 "Drip, drip, dripping", *The Economist*, 6 May, 2006.

27 Amitai Etzioni, *The New Golden Rule: Community and Morality in a Democratic Society*, New York: Basic Books, 1996.

28 Warren & Brandeis, "The right to privacy".

29 Ferdinand David Schoeman, *Privacy and Social Freedom*, Cambridge: Cambridge University Press, 1992, 37-52.

30 Amitai Etzioni, *The Limits of Privacy*, New York: Basic Books, 1999, 1-15, 183-215.

31 Etzioni, *The Limits of Privacy*, 213.

32 Etzioni, *The Limits of Privacy*, 213.

33 Schoeman, privacy and Social Freedom, 151-191.

34 O'Hara & Stevens, *Inequality.com*, 28-31.

35 Jonathan Zittrain, "Internet points of control", 载 Sandra Braman (ed.), *The Emergent Global Information Policy Regime*, Basingstoke: Palgrave Macmillan, 2004, 203-227, 此处在 204-214。

36 http://anonymouse.org/.

37 "Weird but wired", *The Economist*, 3 Feb., 2007.

38 OpenNet Initiative, *Internet Filtering in Saudi Arabia 2004 - 2005: A Country Study*, http://www.opennetinitiative.net/studies/saudi/.

39 Diane K. Mauzy & R. S. Milne, *Singapore Politics Under the People's Action Party*, London: Routledge, 2002, 140-141.

40 OpenNet Initiative, *Internet Filtering in Singapore 2004-2005: A Country Study*, http://www.opennetinitiative.net/studies/singapore/.

41 Donald Davies, "The bombe—a remarkable logic machine", *Cryptologia*, vol. 2 no. 2, April, 1999, 108-138.

42 Michael Smith, *Station X*, London: Channel 4 Books, 1998.

43 例如参见 Gerhard Schmid, *Report on the Existence of a Global System for the Interception of Private and Commercial Communications（ECHELON Interception System）*, report for the European Parliament 2001/2098（INI）, 11 July, 2001, http://www.fas.org/irp/program/process/rapport_echelon_en.pdf。

44 Mark Mazzetti & Tim Weiner, "Files on illegal spying show C.I.A. skeletons from Cold War", *New York Times*, 27 June, 2007.

45 Gabriel Weimann, *Terror on the Internet: The New Arena, the New Challenges*, Washington D.C.: United States Institute of Peace Press, 2006, 49-145.

46 Weimann, *Terror on the Internet*, 184.

47 Griffin S. Dunham, "Carnivore, the FBI's e-mail surveillance system: devouring criminals, not privacy", 载 Moore, *Information Ethics*, 375-397, Mary De Rosa, "Privacy in the age of terror", *Washington Quarterly* 26（3）, 2003, 27-41, David Lyon, *Surveillance After September 11*, Cambridge: Polity Press, 2003。

48 http://tor.eff.org/, and Lasse Øverlier & Paul Syverson, "Playing server hide and seek", http://www.blackhat.com/presentations/bb-federal-06/BH-Fed-06-Syverson-Overlier.pdf.

49 "Cat and mouse on the web".

50 Roger Clarke, *Beyond the OECD Guidelines: Privacy Protection for the 21st Century*, http://www.anu.au/people/RogerClarke/DV/PP21C.html.

51 David Brin, *The Transparent Society: Will Technology Force Us to Choose Between Privacy and Freedom?* New York, Basic Books, 1999. 在此我们要感谢戴维·布林更正了在本书草稿中存在的对他的著作的一些误解。"下对上的监视"一词是由史蒂夫·曼（Stove Mann）所创造的。

52 Mill, *On Liberty*, 83-103.

第八章

智能微粒与混合现实：泛在计算技术

智能空间

人们主要有两种使用计算机的模式。在家庭环境中，一个很大的白色箱子被放置在一个房间中，上面连接着一个肮脏的显示器。父亲和母亲用它来购物，处理银行业务，编写教区时事通讯。而孩子们则在那里一待就是几个小时，谁也不知道他们到底在那里做什么。奶奶总是感到奇怪，为什么有人要把一台打字机连接在一台电视上。计算机是家庭生活的一个单独的和可分割的组成部分。

在工作场所，它是一个不可或缺的工具。办公室的每位员工的桌子上都放着一台电脑。它们被用作信息库、互动日志、提醒系统、文具箱和通信系统。甚至体力劳动者也需要计算机来制订工作计划，订购零件或制作发货单。正如幽默短剧《小小英国人》(Little Britain) 中一个广泛流传的笑话所指出的，计算机是看门人或是一个便利的替罪羊。在该剧中，每当有人向卡罗提出一个问题的时候，她就会在电脑键盘上胡乱敲打一阵，然后装腔作势地说道：

"电脑说不行。"

但是其他模式也逐渐出现。信息技术装置变得越来越小,并且相互之间的联系越来越紧密。在肉眼看来它正在消失。这些技术被植入其他物品以及我们生活和工作空间之中。[1]目前我们的汽车是这方面最好的例子,而植入式电脑正越来越频繁地出现在我们的生活之中。正如佩恩和麦克唐纳德所指出的,2004年所生产的1.7亿台电脑中所使用的处理器占当年所销售的所有处理器的比例不到2%。其他98%以上的处理器被植入电话、电视、洗衣机等家用电器之中。[2]它们以与其所在环境相关而又不侵扰的方式提供信息和支持,改善我们的生活,提高我们的效率,并增进我们对物理世界的体验。换言之,它们使我们的物理世界和数字世界相互融合在了一起。需要再一次指出的是,这并不是科幻小说。这种技术已经渗透到了我们生活的各个方面。例如,现在你可以购买一种植入传感器的耐克运动鞋。传感器能够将其所收集到的信息传送给一个苹果iPod,这样iPod就可以根据你跑步的节奏播放相应节奏的音乐,并且显示有关你的运动状况的信息反馈。[3]能多洁集团(Rentokil)最近开发出的一种老鼠夹能够在它夹到东西的时候通知维修人员。[4]

植入式泛在技术有很多奇妙的潜在用途。目前人们正在开展很多有关这方面的研究。他们最终会为我们提供很多新的产品。韩国城市松岛又称"泛在计算城市"(Ubiquitous-City)。它是一个巨大的物业发展项目,其环境中的所有设施都通过网络连接在一起——以便为一种尚未出现的商业模式服务[5](一座完全通过网络连接的城市的确很酷,但是它究竟能做什么我们还不是很清楚)。但是我们必须注意到这种技术的危险:我们身边无处不在的计算机和传感器可能会在我们不知不觉的情况下对我们进行监视。

正如乌韦·汉斯曼(Uwe Hansmann)等人[6]所描述的,泛在计算技术必须遵守四项基本原则，其中第一项原则是**分散性**。在计算技术最初的发展时期，一个中央处理机器来完成所有的计算工作，然后将计算结果发送到各个低智能的终端上。而泛在计算技术则完全逆转了这一模式。在这一新的模式中，所有的计算工作都由那些为完成具体任务而设计的、智能程度较低的小型基本设备来完成，然后其计算结果通过一个具有动态连接结构的开放群体被传送到其他的设备中。如果说这一系统有中央控制，那么这种控制仅仅出现在用户（通常是人而非机器）对整个系统所提出的问题或要求这一层面上。

第二项原则是**多样化**。泛在计算不是一种单一的设备，即一种可以执行任何能够用计算解决的任务的通用计算设备，而是为专门目的而设计的小型设备。它们只能提供少数几种，甚至仅仅一种信息，并且在其设计工作环境之外不一定能够很好地工作，甚至完全不能工作。

第三项原则是**连通性**。要使这些非智能的机器产生出强大的智能行为，关键在于使它们相互连接在一起，并使其能够将其所收集的信息传递给其他需要并且能够使用这些信息的设备。这种系统通常有几个相互平行并通过一个基础结构连接在一起的不同的设备组成。在这里互联网往往非常重要，特别是无线互联网，因为它使我们可以灵活地布置传感器，而不像固定数据线那样有地点方面的要求。但是无线互联网并不是必要条件。如果系统的范围仅限于某一区域的话，那么其设备可以通过局域网相互连接。

第四项原则是**简易性**。这不仅仅是指设备，而且是指我们与设备之间的互动。如果我们必须不断地调整系统，输入数据，开关设备或处理它们的网络链接问题，那么它们就不会成为泛在技术，因为我们无法忘记或忽视它们。与此类似，公开标准也很重要。目前管理小型智能装置之间连接的标准或协议（类似于万维网运行所必需的那些协议）仍然很少。这些标准肯定是必要的，因为它们可以使我们更加容易地建立网络（目前每个泛在网络都必须通过手工的方式建立），但是这些标准也必须是开放的，尽可能是非限制性的。

传感器和硬件

对物理环境的感知取决于可用传感器的质量和数量。摩尔定律使我们得以在我们的身边布满各种能够收集大量数据的工具。这些传感和技术应该在后台运行，这样我们就根本不需要去想着它们了。例如，如今我们在开车的时候很少需要去考虑汽车中微电脑的运行情况。这种无缝运作对真正的非侵扰性泛在技术提出了一系列要求。

这种技术的能耗应该很低。首先，我们不希望看到一大堆电池和电线。其次，如果我们因为使用某种技术而每个月必须支付很大一笔维护费用和电费的话，那么我们是很难忘记这个技术的存在的。这些装置的数据存储空间必须充足和准确。当然，存储空间越大，其所能够存储的信息也就越多，因此搜集同样数量的信息所需要的读取—删除次数也就更少。其所搜集的信息应该尽可能通过无线的方法传输。其所使用的传感器应该尽可能结实，以便能够在可能是恶劣的工业、城市或自然环境中工作。最后，相关硬件的界面应该简单。如果这些装置与人直接互动的话，那么信息的显示应该与正常的工作流程和行为模式相融合。这可能要求它们具有小巧、移动，甚至灵活的显示屏。[7]

信息在不同装置之间的传递是非常重要的。例如索尼和恩智浦半导体公司（NXP）所开发的"近场通讯"（NFC）就是一种主要针对移动电话市场的、仅在极短距离之内运作的无线技术。这种技术使两个装置仅在其相互距离非常近的时候建立连接("握手")。一张使用NFC技术的移动电话卡或智能卡意味着可以用它在读卡机附近刷卡,从而在两个装置之间产生极少量的信息交换,而这对于金融交易来说是很理想的操作。尽管信用卡和借记卡已非常普及,但是现金仍然是小额交易的主要支付手段。而NFC则比现金交易更为便宜。其所使用的预付系统意味着交易的风险对于商家来说相对较低。而对于消费者来说,他们也只有在手机或智能卡被盗的情况下才会遭受损失,而这与使用现金的情况是一样的。[8]

传感器的尺寸正在迅速缩小。事实上,有些传感器是如此之小,以至于它们被称为"智能微粒"。[9]一颗智能微粒只有大约一立方毫米的体积。但是它却是一个能够传感并无线传输信息的自主的计算机。许多"微粒"聚集在一起就构成了一个灵活而又功能强大的传感器网络。

"智能微粒"听上去像是科幻小说。但是一些类似的技术已经进入了生产阶段。本章结尾部分所附的有关电子标签的个案研究显示,泛在计算技术此时此刻已经出现在了我们身边。植入微芯片,可以存储信息并将其传送给读卡机的智能塑料卡片,这要比老式的磁条卡片更为灵活,更能够防止其中存储的信息被非法读卡机所读取,因而更为安全,更具隐私性。也许它们最常见的用途就是存储使人们能够进入某个建筑物或房间的识别信息,但是它们也可以被用于任何基于信息的交易,包括用作支付手段或交通卡。个人数字助理(PDA,又称掌上电脑)使人们能够在移动的状况下执行计算任务。它们小到可以拿在掌中或放入夹克口袋或手提包中,并且能够在找到合适的信号的情况下连接到互联网上。这种装置或者可以被看作是标准计算机的延伸(并且它们也使用Windows操作系统),

或者可以侧重于新的应用。移动电话和电脑一直处于一个相互融合的过程之中。诸如黑莓手机（动态 Research in Motion 公司所开发的无线邮件设备）的成功，显示了带有恰当界面的恰当便携产品是如何至少在世界的某些地区风行一时的。

泛在计算技术展望：监视、信息和混合现实

泛在计算系统可以被用来开发具有三个重要组成部分的智能空间。首先，我们需要某种使人们或物体能够互动的空间。它通常为物理空间，如住宅或需要对车辆进行管理的道路系统。但是它也可以是虚拟的，如在线多人角色扮演游戏。或者它可以是一个没有多少人类参与的物理空间，如尚未遭受人类污染的原始环境或对人类来说可能是危险的，但是对于了解大自然演变来说又是很重要的恶劣的自然环境。[10]其次，我们需要某种能够对空间进行分析并提供相关服务的数字基础结构。再次，在物理和数字空间之间必须有一个界面，使小巧、高性能和低价格的硬件设备能够发送信息。也许还需要另外一些硬件设备来向使用者或环境发送建议或指令，或以某种方式改变环境。

泛在计算技术特别适合执行三种任务。首先，对物理世界的更为彻底和智能的检测可以带来更高的效率、更好的互动和更为深入的了解。系统本身也可以通过技术得到改善。对一个建筑物的功能的更深入的了解可以帮助我们使它变得更为绿色，从而使我们能够关闭供暖系统或者根据建筑物内的人的数量对其进行调节；对汽车使用道路状况的更深入的了解有助于减少交通拥堵；对商品销售模式的更深入的了解可以帮助我们使不规则的系统变得更有目标性，从而减少浪费。

就监视系统而言，已经出现了各种可以在家庭中使用的产品。例如，使用传感器探测住宅中的活动或门窗被破坏等情况，然后通过执行器启动安全程序，或通知警方，向住户发送短信，或启动报警器（或者同时采取以上三项措施）的报警系统；能够探测室温和房间是否有人，从而充当智能恒温器的取暖系统；能够诊断故障，至少搜集有关其自身运转情况的信息并将这些信息发送给公司总部（这个总部甚至可能在另一个国家）的一名工程师并提醒用户，以便在电器出现故障时，甚至在出现故障之前，工程师就可以带着所需的零部件上门维修的大型家用电器；能够通知主人其冰箱所存储的食物将过保质期；或者能够自己读表然后自动将相关数据发送到能源公司的电表和天然气表。事实上，使用能源的家用电器可以每周、每天，甚至每小时计算一次费用（它们甚至可以直接从用户的账户中扣费，而不用用户自己处理账单）。人们甚至可以在一天的不同时段从不同的电力公司购电。如夜晚从某个提供较低价格的电力公司购电，而白天则从另一个在用电高峰时期提供更为优惠的价格的电力公司购电。最后，不要忘记咖啡机中的间谍——监测健康状况的系统可以很容易地被植入我们的家中。我们所佩戴的珠宝首饰可以监测我们的生命迹象，并将相关数据发送到远处的计算机中进行处理。以上所介绍这些设备都是可行的，并且其中一些已投入使用。

对环境的监测也是一个重要的研究领域。例如，廉价的传感器使我们能够搜集大量的有关环境污染的数据。通常我们是通过按照一定的规划在一个城市、州或国家的不同地点建立的特殊监测站来监测环境污染的。但是这些监测站费用昂贵并且是固定的。但是如果我们将一些小型污染探测器、一个全球定位系统（GPS）设备和一个数据记录仪放进一个骑自行车人的背包之中的话，我们就可以采集到有关此人在一天的不同时间和不同地点的污染情况的大量数据。骑自行车人甚至不必专门为了采集有关污染的数据而骑车外出。这些数据的采集可以是他正常使用自行车过程的一个副产品。有一个研究项目甚至通过在鸽子身上安装传感器和 GPS 设备的方法检测空气污染。[11]

泛在计算技术所适合执行的第二类任务就是为促进使用者对物理世界的感知而提供额外的信息。例如，在博物馆中参观者可以下载有关展览品、它们的创造者或他们的社会和历史背景的信息。再如，通过将汽车的 GPS 和油表相结合可以在油量低的时候指引司机前往最近的加油站，甚至可以在汽油即将用尽的时候与各种自动驾驶系统进行互动，以确保汽车以最有效的方式使用汽油。在这些领域，受益的是个人，而不是整个系统。

旅行是第二类泛在计算技术的一个重要的应用领域。我们许多人在家中的时候都可以通过书籍、电视或互联网获得信息。但是在旅途中我们就远离了传统的信息来源，而在这时最需要的往往就是信息——交通状况、转乘的列车、导航、通讯，甚至可以供我们玩的游戏和供我们听的音乐。高科技游客信息系统可以在游客走近一个地标的时候将对此地标的描述发送到他的手机或 PDA 上。商业运输也需要大量的信息——物流公司以很小的边际成本向世界各地发送货物，而信息对于线路规划、燃油储量管理和提货计划的实时微调来说至关重要。[12]但是正如我们在其他环境中所看到的，由无所不在的运输系统所搜集的信息也可以被用作控制和监视的工具。例如，丰田公司正在计划制造一种能够阻止醉驾的汽车。安装在方向盘上传感器可以探测到驾驶员汗液中的酒精含量；仪表盘上的一个摄像头可以探测到放大的瞳孔；车载计算机可以发现反常的驾驶行为。如果这些系统判定司机属于醉驾状态，那么它们就会关闭发动机。[13]

在商业环境中,如果一个系统通过某种方法(如使用从优惠卡中所获得的信息)了解到了一个人的行为模式,那么它就可以向他发送个人化的、有针对性的广告——甚至使他在旅行过程中每到一个地方就会收到来自当地商家的广告(这种广告的发送需要得到接收者的同意,并且不能太冗长或太具侵扰性)。超市中的收款台可能会被淘汰——电子标签、智能支付卡、能够将相关信息联系在一起的读卡机,以及生物识别安全系统意味着我们可以不用在收款台排队而直接将装满商品的购物车推出超市,并且不用担心因此而被逮捕。[14]

第三类泛在计算技术系统就是混合现实环境。这也许需要更多的想象力和更为详细的描述。这种环境旨在将物理世界带入数字世界之中,并将信息和智能带入现实世界之中。这种混合空间对于我们来说可能是无足轻重的,但也可能是性命攸关的。前一种情况包括游戏世界。目前《虚拟人生》和《魔兽世界》等网上游戏已经非常流行。[15]这是一种在由游戏开发商所创造的、生活着由玩家所扮演的各种角色的虚拟环境之中开展的游戏。泛在计算技术使得游戏环境部分地从虚拟世界转移到真实世界之中,而游戏中的角色也从虚拟替身变为真实的人。

例如,在由互动混合现实艺术团体"爆炸理论"、诺丁汉大学混合现实实验室和英国电信公司的激进多媒体实验室于 2003 年共同开发的一个名为《罗伊大叔就在你身边》[16]的英国游戏中,参与者的任务是寻找"罗伊大叔"。这个游戏有两类玩家。第一类是在线玩家。他们进入一个虚拟城市,寻找隐藏在真实城市街道的某些地方的明信片。第二类是在真实街道上的玩家。他们手持掌上电脑,根据"罗伊大叔"的指令在真实的街道上行走。通过掌上电脑，他们能够看见在线玩家在真实城市的虚拟版中的进展。同样，在线玩家也可以看到街道玩家在什么地方，并且与他们交流，指引他们去寻找明信片（只有在真正的城市中的街道玩家才能够找到明信片）。在城市中还有一些参与游戏的真实的演员，他们的任务是使游戏变得更加扑朔迷离。其结果就是所谓的"妄想时刻"（paranoia）——在这个时候远程玩家通过信任联系在一起。并且我们由此也可以看到一种正在出现的新型剧场——在这种剧场中，主流戏剧的道德挑战被简化为个人的一对一的经历，并且互动游戏经历充满了"一般游戏或流行音乐节目主持人做梦都想不到的各种问题和谜语"。[17]

我们可以在对信息的需求越来越大的军事行动中找到有关混合现实的更为严肃的例子。在 21 世纪，许多武装冲突都发生在人口和建筑物密集的城市环境之中。在这种环境中作战是极为危险的。在那里土生土长的游击队员、恐怖分子和犯罪组织成员对这些环境了如指掌，往往可以依靠同情他们的当地居民的支持，并且有能力找出并惩罚告密者，因而可以阻止人们告密。相对于以上这些对手而言，常规军队有两个主要的优势。但是其中第一个优势，即高效和压倒性的火力，在这种环境中会造成大量平民伤亡。另外，军队在城市环境中所执行的许多任务都是维和行动。因此在那里使用进攻性火力至少是不恰当的。

因此常规军的第二个优势——技术——成为了关键因素。我们需要通过提供实时信息帮助士兵增强其对所在环境的感知力。这种帮助应该是直截了当的。例如，一个士兵不能在对眼前可能出现的危险保持警惕的同时不断查看他的 PDA。对于军队来说，必须向士兵提供由某个中央情报机构所搜集的信息，并使得士兵能够在不需自己努力的情况下搜集信息并与其战友分享这些信息。目前科技人员正在研发一种头盔，其面甲带有一种透明的显示装置，能够将街道和地标名称投射到在士兵透过面甲所看到的图景之上，显示在街角的另一面的情况，甚至指出通过侦察所确认的诸如狙击手的位置等威胁。[18]

根据美国"未来部队勇士"（FFW）计划目前的研究，美国军方将从2010年起开始使用上面所介绍的这些技术。士兵们所使用的诸如夜视系统或卫星定位单元等技术在单独使用的情况下效果都很好，但是缺乏一个将它们整合在一起的系统。FFW计划的目的就是创建一个以每个士兵为节点的一体化的新信息系统。这些士兵的制服在接近皮肤的地方装有智能传感线，它们不仅可以监测生命迹象，确定士兵的身体状况和压力水平，而且还可以在士兵受伤的情况下了解伤势，这样医疗队就可以立即知道伤员的位置以及所需采取的紧急救护措施。这种制服还将带有装甲、为传感器配备的电力装置，以及在极端的环境中使用的制冷和加热系统等等。头盔可以向面甲上投射图像并提供信息。随着技术的改进，人类与技术的结合也将随之改进。未来的创新很可能包括更为先进的头盔通信技术。其显示更为清晰，甚至可以提供在战场其他地方的实时视频。装甲上所配备的液压系统可以使士兵具有超人一样的力量。[19]

如今我们已经完全有能力实现以上这些系统所需的技术。这些技术包括通过整合来自地图、卫星图像和航拍等方面的数据准确模拟真实世界空间的地理信息系统。我们可以利用有关地面上可辨认的物体（如能源或通信设施等重要的场所）的元数据来增强这种虚拟空间。追踪软件可以通过GPS坐标以及与真实世界视频的比对确保向使用者准确地提供真实世界的数字模拟图像，以确定其位置。信息供应系统能够过滤掉多余的信息，并确保使用者在需要的时候能够获得恰当的信息。最后，各种界面可以使使用者与更为广泛的系统进行互动。这些界面包括能够将真实世界环境的信息反馈到网络世界的摄像头和传感器，将有关在战场上的士兵的信息传递到网络世界的传感器和麦克风，以及将信息传送给士兵的显示装置和耳机。[20]

泛在世界中的隐私

以上所介绍的受到泛在计算技术影响的三种世界都存在不同的隐私问题，但是在其中的每个世界中，从真实世界到网络世界的转换都会导致新的问题。在真实世界中只有实体的介入才会导致对隐私的侵犯。但是在网络世界中，远程监视成为可能。传感器（如咖啡机中的间谍装置）的安装很显然只有通过实体的行动才能够完成。这种行动可能是在被监视者知情和配合之下完成的，但也可能不是。一旦通过咖啡机搜集到的信息被传送给了第三方就会出现各种可能性。很显然，监视系统可以被用来搜集可能对隐私具有很大破坏力的信息。而信息提供系统可以使观察者了解到一个人正在搜寻何种信息，从而也能够披露这个人的隐私。例如，如果零售商能够侵入一个旅行信息系统（如包含兴趣点数据库的简单的卫星导航系统），他们就可以截取一个司机有关最近的加油站的查询，并指引他前往某个特定的加油站（这很可能不是最近的或最容易前往的加油站）。对旅行信息系统的性质更为险恶的非法入侵可以使别人发现一个人驾车前往的目的地。在混合现实系统中，如果敌人侵入在线战场并获得军事计划和相关信息，甚至向系统中输入虚假信息的话，那么其危险是显而易见的。

在泛在系统中保护隐私不是一件容易的事情。确保安全和隐私的通常方法是加密。人们将信息加密成为一种不易被偷窥者阅读或篡改的形式，这一方法在泛在计算技术世界中就像在其他数字领域中一样重要。[21]但是在泛在计算世界中存在着一个额外的问题，即泛在系统的组成部分必然都是体积小、价格低廉的装置，它们不可能具有重负荷计算机的功能。这意味着它们所能够进行的加密相对比较简单，很容易被规模更大、功能更强的装置使用强力破译。另外，泛在系统中的装置通常使用无线通信技术。这意味着它们不像有线通信技术一样需要使用物理介入的方法进行窃听。任何人都能够截取无线电信号。

泛在计算技术是由相互连接的各种不同的装置所组成的网络。在理想状态下，人们不应该限制可以被连接到网络上的装置的种类，从而限制网络的规模——如果在咖啡机中安装某种泛在设备，并将此装置所搜集到的信息汇入整个系统之中的做法是有意义的，那么就应该使其成为可能。这意味着在网络的各种装置之间的通信标准应该是开放的，而不应该太具限制性。他们不应该将某些东西排除在外。然而复杂的安全措施恰恰就是各种不同装置之间无缝通信的障碍——由于这些措施，某些通信变得十分困难，而另外一些则根本无法实现。如果要使泛在系统真正融入我们的生活背景之中，那么它就不应该让我们为口令而浪费时间或为决定哪些装置可以与其他装置连接在一起而费心。如今的隐私保护措施趋向于在有明确界定的参与者和参数的情况下起作用，但是泛在世界所暗含的分散性意味着许多事物都没有被界定，而整个系统必须能够处理任意的连接。数据的验证、信息使用授权的传送以及对互动的审查都必须在没有中央权威机构负责的情况下进行。分散化改善了通信，但是正如在万维网上一样，它使得对互动的监视变得更为困难。[22]

与此相关的一个问题是，泛在网络是一个由各种装置和设备所组成的系统，因此对这一系统的很小的干预就会导致其受到破坏。

如果一个恶意的偷窥者能够控制网络中的少数几个节点（甚至仅仅是其中的一个装置），他就可以对整个网络发起攻击。这意味着这种网络非常脆弱。这还意味着一个网络中有多少节点，它就有多少个受攻击点——为了确保系统的安全，就必须确保系统中的每个装置都具有防御攻击的能力（而这样做的成本是很高的）。

泛在系统的系统性质导致了有关界面的一系列问题。当我们使用一台个人电脑或者一个标准的应用软件（如使用微软 Word 软件编写本章内容）的时候，我们是在与一个中心实体进行互动：我们用键盘输入，新的字符出现在文件中，文件本身被显示在屏幕上，并被保存和备份。所有这些都是由 Word 这个软件通过视窗这个界面来运作的。在 Word 与文件的作者或读者之间的互动是直截了当的。但是泛在系统的情况就不是这样。我们没有一个可以与之互动的中央计算机或软件——而这也正是这一系统的目的所在：计算技术融入我们的生活背景之中，使我们注意不到它们的存在。但是如果我们不能以"正常"的方式与系统进行互动的话，那么我们如何监控其运作呢？我们如何知道它正在搜集什么数据，其所搜集的数据被送到了哪里，或者当某个人对系统做出调整之后会发生什么呢？正如索普拉和伯布里奇所指出的，"明确的用户界面的缺失导致了在技术和人类因素之间的一种紧张关系"[23]。

非常雄心勃勃的泛在网络仍然在设计之中，而在这个领域中的许多实验已经开始。这种技术并没有任何奇特之处，我们没有理由认为上面所讨论的这种系统不会变为现实，但是这种系统在隐私方面的问题尚未引起人们的关注。诸如第一章中所讨论的 iPot 等一些泛在技术已经为那些追求高技术的新新人类所拥有，但是高度泛在性的网络仍然处于早期试验阶段。诸如"罗伊大叔就在你身边"等混合现实环境目前只是实验性戏剧小组和公共资助研究项目的特权。真正的泛在系统一般都被布置在具有高度限制性的环境之中，如监测冰川变化的 GlacsWeb（冰川网络）项目就是一个例子。[24] 正如索普拉和伯布里奇所指出的："在森林中监测空气湿度是不大可能引起有关隐私方面的争议的。"[25]

目前研究人员正在开展许多制定隐私增进协议的工作，如私密优选平台、万维网联盟的隐私偏好政策（见第三章），但是此类政策感知计算技术不可能是解决泛在世界隐私问题的唯一答案。泛在系统的性质意味着没有一个能够提供有关整个系统隐私政策的自上而下的观点的"中心"，一个典型的隐私政策的表达、协商和执行相当复杂，超出泛在网络中具有有限资源的单个装置的能力范围。解决这一问题的方法之一就是确保传感器或其他装置在发送其所搜集的数据中包含有关这些数据的搜集方式的信息，这样数据的来源就直接被编入数据之中。但是仍然有复杂的问题有待研究。在泛在系统中，数据可能有众多的拥有者和利益相关方。（想一想有多少人会出现在一个闭路电视监控摄像头在一天之内所录下的视频之中？）。如果在使用这种信息之前要与所有这些人单独地进行协商的话，那么结果就会非常复杂，甚至在实际上会使这种信息的使用成为不可能。[26] 我们不能肯定是否能够通过分割数据来解决这种问题，或者分割了的数据是否还有用。

另外，泛在网络与人们的互动是不固定的，随着语境而变化的。一个闭路电视监控系统可能会拍摄到许多人的影像，但是它不大可能有足够的资源确定所有这些人的身份或者在网络上辨认他们。如果它——通过使用面部识别软件等方法——真的能够做到这一点的话，那么它实际上会加重而不是缓解人们在隐私方面的担忧。由朗海因里希所提出的一个"隐私意识系统"可能会在某些方面对解决这个问题有所帮助。在他所设想的这个系统中，传感器能够向其所在的环境传播有关其存在的信号,这样人们就可以用他们自己的隐私保护装置探测到这种信号,然后用它来追踪与这种传感器联系(但是不是由传感器所操纵或者存储在传感器中)的软件,然后与它协商有关隐私的设置。[27]这一系统的要点在于:隐私问题实际上不一定必须由网络装置自己解决。

泛在网络到底涉及哪些社会和技术问题,这仍然是个有待进一步研究的问题。许多泛在计算装置可以被安装在人的身上。被安装这种装置的人有些出于自愿(如安装在骑自行车人身上的污染监测装置),有些是被动的(如移动电话的情况),而有些则是不知情的(如一些电子标签的情况)。如果这些装置有定位功能的话,那么通过它们就可以推断出有关一个人的许多其他情况。控制这种信息的披露可能是非常困难的事情,其方法大致可以分为两类。在监视是出于双方同意并且所有人都以诚信的方式行事的情况下,政策、协议、许可和法律框架可以很好地解决这一问题。但是在没有当事人同意或者当事人缺乏诚信的情况下就必须采取某种方法来减少、加密或销毁泛在装置所发出的有关一个人的行踪的信息。[28]甚至在这种语境下寻找描述隐私问题——无论是描述这种技术能够代表或做什么,还是描述人们对于泛在系统所搜集到的有关他们的信息的看法——的恰当的技术语言也是一件非常困难的事情。[29]目前人们还不知道自己究竟需要什么,面临什么样的危险,可以得到什么样的利益,以及在(可能)随时随地暴露在别人监视之下的时候应该如何反应。

总体而言,在泛在计算世界中隐私保护目前还是一个研究课题,而不是一个亟待解决的现实问题。在将来可能发生的一种情况就是:有关在泛在网络中保护隐私的研究与有关泛在网络本身的研究同时推进,并且在问题出现的时候及时地提供解决方法。而另一种可能发生的、更为令人担忧的情况就是：隐私保护措施的缺失使我们面临越来越多的问题。在后一种情况下我们可以预见到的结果是：一些人的隐私会受到严重的侵犯，或者泛在系统由于缺乏人们的信任而永远无法充分发挥其潜力。

个案研究：电子标签

最具争议的泛在技术之一就是无线射频识别技术（RFID，又称电子标签）[30]——一种标记物体，使之能够为系统所辨认，从而记录其使用和/或流动情况的低成本的方法。它们实际上是一种智能的条形码。正如其他许多技术一样，它们的益处受到过分宣传，并且它们的使用也没有像最初所预计的那样飞速增长。尽管如此，在2006年全世界在电子标签上的花费大约为30亿美元，并且预计在2010年这一费用将增加至80亿美元。[31]

电子标签被植入物体之中后就可以被用来搜集、存储和发送信息。大多数电子标签都是被动型的，即它们没有电源，因此需要一个电子标签读取器才能够使它们获得发送其所存储信息所需的能量。而主动型标签则配备有自己的电源，因而能自己够发送信息。

电子标签技术有几种可能的用途，但是其最常见的用途是在零售和物流领域（特别是在大型的组织，如零售巨头沃尔玛和诸如美国国防部[32]等政府机构中）。在给物体贴上电子标签之后就可以获得有关它们的位置和/或状态（如商品是已经出售还是仍然在货架上）。这种信息当然非常有用：通过它们零售商可以知道哪些商品在哪些地方被卖了出去以及销售的速度；生产厂家可以知道在哪里可以获得它们所需要的特定的零配件或原材料；运输商可以知道它们所运输的货物在哪个仓库、船只或集装箱中；通过这种方法它们还可以防止货物被盗。从更为广泛的角度来看，电子标签技术可以使许多社会利益能够更容易地得到实现：回收有缺陷或危险的物品；打击造假行为；为防止腐败提供审计跟踪；资源回收；追查被盗物品；复杂系统（如飞机）的维修。在这样的系统中每一个组成部分都被贴上一个电子标签，以存储有关其年龄，甚至工作条件的信息；或在特定环境中确保鉴定结果的唯一性，如在法院中证据的处理、在科学实验中的样品或在医学测试中的组织样本。

电子标签包括一个计算机芯片和一个用于向标签读取器发送信息的天线。在扫描时它们与读取器的距离通常不能超过一米太远，并且目前读取的准确率并不是特别高，通常在99%以下。读取的速度、被读取物体的方向及其与其他电子标签的距离都会影响读取的准确率。标签中所存储的数据量并不是很大——存储容量越大，成本就越高。在零售行业的低成本装置往往是只读的，仅包含被标签物体的唯一的识别信息，而所有辅助信息都被存储在一个中央数据库中。但是更为智能的系统也可以存储动态信息，如描述货物存储状况的传感器数据，或描述物体位置的GPS数据。很显然，对于大多数使用者来说，影响设计的主要因素是成本效益。重要的成本因素不仅包括电子标签本身以及标签过程，而且还包括更为广泛的系统的要求（如读取器的复杂程度）以及使用者的信息需求（标签本身应该含有哪些信息）。

在过去的二十多年中，条形码系统显然在零售和物流等行业的发展中起着重要的作用。条形码的主要优势在于廉价——它几乎不花费任何成本就可以被印在物体和包装上。但是它只能存储一般性信息，而不是某个物品的特殊信息，并且不能更新。在读取的时候它还需要相对大量的人工操作（例如扫描），因而也就导致更高的成本。与条形码相比，电子标签的先进之处在于它能够提供每个物体独特的信息,显示物体的动态而非静止状态,并且使更加自动化的读取过程成为可能。

电子标签技术自从其产生以来就一直是人们怀疑的对象。唯一的标记一个物体的方法似乎导致了随时随地地进行追踪的可能性,而对人们进行追踪的一种方法就是追踪其所拥有或与其相联系的物品。正如美国参议员黛博拉·博文(Debra Bowen)所说:"如果有一天你意识到你所穿的内衣会报告你的行踪的话,那你会怎么想?"[33]人们的大多数担忧似乎源自一种怀疑,即电子标签在其所标识的商品被购买之后仍然处于启动状态,因此它们即使在其对于商品的生产商或零售商的价值已经不复存在的情况下在理论上仍然可以搜集相关信息。另外,虽然物品的拥有者或使用者可能一般都知道他们所拥有或使用的物品上附有电子标签,但是在没有读取器的情况下,他们不知道这些电子标签究竟能够传递何种信息。赛弗森等人指出,在2020年,一个普通人"琼斯先生"通过其身上的物品所发送的信息取决于可以附加有用电子标签的物品的范畴:他的假发所发出的数据表明它是一种用聚酯纤维所做成的便宜货;他的人工髋关节会发出有关其医疗部件模型号的信息;装在他的公文包中的一本《资本论》正在肆无忌惮地向外部发送信息;他的背包中有30件女性贴身内衣可以被别人所探测到;另外他身上所携带的1500欧元钞票也正在发送其各自的序列号。[34]

对于那些相信阴谋理论的人来说,还有两件令他们担心的事情:首先,电子标签上的信息可以在其所标识物品的拥有者或使用者不知情的情况下被从较远的地方读取。其次,它们可以与其他信息相互参照。例如通过记录用于购买某个附有电子标签的物品的信用卡卡号就可以在两个唯一的标识物之间建立一种很强的联系。正如我们在上文中所看到的,商业电子标签不大可能会存储太多的信息，而标签读取器也无法在很远的地方有效读取数据。但是人们反对吉列、沃尔玛、特斯科等较早采用电子标签技术的公司的部分理由在于，这些公司会出于自身利益而不断改进这一技术。正是由于以上这些只是为了改善其供应链而使用电子标签的公司，我们已经熟悉了电子标签的概念和现象，因而更容易在不知不觉之中走进一个"会对消费者躲避生产商、零售商和营销人员的压迫性监视的能力产生寒蝉效应"的世界。[35]诸如沃尔玛等一些热衷于电子标签的企业肯定会在某种程度上遇到公共形象问题。[36]

对于诸如由验身芯片公司（VeriChip）所生产的验身芯片等用于植入人体之中的电子标签芯片来说，其所涉及的政治和道德问题就更为复杂了。这种植入式芯片可以识别被植入者的身份（但是一个人完全可以将其体内的芯片取出，然后再将其植入另一个人的体内——这只是一个需要局部麻醉的小手术）。这种植入芯片自然会引起人们在隐私方面的极大担忧。但是在本书中，我们不会认真对待有关电子标签是《圣经启示录》中所预言的"兽印"的指控："他又叫众人，无论大小、贫富、自主的、为奴的，都在右手上或是在额上受一个印记。"[37]

随着电子标签的日益普及，与之相关的隐私问题也越来越突出。标签与读取器之间的关系非常重要。我们应该确保只有受信任的或者在信息的使用方面受到恰当制约的人才能够通过读取器接收到电子标签中的信息。因此，就像许多其他有关隐私的问题一样，这也是一个有关控制的经典问题：我们如何防止信息的泄露？特别应该指出的是，一个持续有效的电子标签可以泄露信息的过程可能长达数年之久。

最简单的解决方法就是当一件商品被出售，从而退出供应链的时候，就使其电子标签失效，或者不将电子标签附着在商品上面，而是将其附着在商品的包装上,这样一旦商品被消费者购买,它就被销毁,或者至少与商品分离。然而这一解决方法并不完全令人满意,因为电子标签在商品出售之后仍然具有积极的用途(例如它们可以在商品被退货或再次出售的情况下提供有用的信息——像汽车或艺术品等贵重商品尤其如此,因为对于这些商品来说,其出处非常重要)。并且零售商并不是电子标签的唯一使用者。对于零售商来说,在商品售出那一刻起它们对于商品的责任就终结了。然而公共图书馆也希望将电子标签用于它们外借的图书,而它们希望这些标签永久有效。

一个明显的方法就是使电子标签上的内容能够被新的内容所覆盖,这样它们所包含或发送的信息就可以被删除或更改。例如在商品被再次出售的时候,其电子标签上有关原所有者的信息就会被新所有者的信息所替换。这种信息可以被存储在一个数据库,而不是电子标签之中。一个人要获得电子标签上的信息不仅需要有电子标签,而且还需要进入数据库。这样保护隐私的问题就被从电子标签本身转移到了在本质上更为安全的数据库上。商品的新拥有者可能也需要使用电子标签——例如对其收藏或 CD 进行分类或追索被窃物品。然而,这种方法所需的标准化会增加成本;需要确定一个共同语言,以使不同的读取器能够读取不同的标签上的信息,并防止恶意篡改标签信息(如果窃贼可以用遥控的方法将标签上的所有者改成自己的话,那么标签就会丧失其个人化的价值)。[38]

有些电子标签是受到口令保护的,但是口令不是万能的。首先,电子标签的处理器的功能非常弱。其所使用的口令不能非常复杂,并且它们必须以纯文本的格式通过无线连接方式发送,因此很容易被他人截获和破解。其次,还有一个重要的复杂性问题。如果一个系统中的所有标签都使用一个口令,那么这个系统就一点也不安全。对手一旦破译了口令就可以获得系统中的所有信息。如果每个标签都使用不同的口令，那么读取器无法在事先知道应该使用哪个口令，因此只好将每个口令都尝试一遍。如果某个系统中有成千上万个有效的标签，而读取器每秒钟只能读取数次的话，那么这样一种方法的效率就不是很高。[39]

还有其他可选择的方法。例如"标签上的"信息可以被存储在一个代理数据库中。标签读取器只能通过标签找到代理数据库。因此一个对手虽然可以通过读取标签获得一些有用的信息（即其所使用的代理数据库），但是（不受存储器容量或处理能力限制的）代理数据库可以使用更为强大和实用的隐私保护技术，如安全性很高的口令。[40]对于为电子标签上提供恰当隐私保护所需的额外资源这一问题仍然存在争议。有些研究者认为对这种额外资源的投入是合算的。[41]

在较近的一段时期内，电子标签很可能会像目前一样几乎完全被相互信任的双方用于确保供应链。在这种情况下，隐私保护技术并不重要。然而，如果人们能够在这一领域达成足够开放的标准的话，那么电子标签也可能开始在并不一定相互信任的各方之间使用。但是采用隐私增进技术将增加使用成本，因此我们必须形成对市场形势下价格差异的预期，以便人们能够充分承认隐私的价值并将其计入交易成本。[42]

注　释

1 有关这一范式的最权威的出处为：Mark Weiser, "The computer for the 21st century", *Scientific American*, Mar., 1991, 94-104。

2 R. Payne & B. MacDonald, "Ambient technology-now you see it, now you don't", 载 Alan Steventon & Steve Wright（eds.）, *Intelligent Spaces: The Application of Pervasive ICT*, London: Springer-Verlag, 2006, 199-217。

3 http://www.apple.com/ipod/nike/.

4 Kenneth Cukier, "What the mousetrap said", *The Economist*, 28 Apr., 2007.

5 Kenneth Cukier, "Overcoming hang-ups", *The Economist*, 28 Apr., 2007.

6 Uwe Hansmann, Lothar Merk, Martin S. Nicklous & Thomas Stober, *Pervasive Computing*, 2nd Edition, Berlin: Springer, 2003, 17-22.

7 Payne & MacDonald, "Ambient technology".

8 "A cash call", *The Economist*, 17 Feb., 2007.

9 B. Warneke, M. Last, B. Liebowitz & K. S. J. Pister, "Smart Dust: communicating with a cubic millimeter computer", *Computer*, 34 (1), Jan., 2001, 44-51.

10 如见 K. Martinez, A. Riddoch, J. Hart & R. Ong, "A sensor network for glaciers", 载 Steventon & Wright, *Intelligent Spaces*, 125-139。

11 Michael Reilly, "Where to find the freshest air in town", *New Scientist.*, 9 Sep., 2006.

12 Hansmann et al., *Pervasive Computing*, 413-419.

13 "Sozzled salarymen", *The Economist*, 17 Feb., 2007.

14 Hansmann et al., *Pervasive Computing*, 421-424.

15 Edward Castronova, *Synthetic Worlds: The Business and Culture of Online Games*, Chicago: University of Chicago Press, 2005.

16 http://www.uncleroyallaroundyou.co.uk/intro.php.

17 Stephen Armstrong, "Strange Bruin", *Sunday Times*, 29 June, 2003.

18 J. Buman, B. Crabtree, A. Gower, A Oldroyd & J. Sutton, "Mixed-reality applications in urban environments", 载 Steventon & Wright, *Intelligent Spaces*, 109-124, 此处在 119-122。

19 "The march of technology", *The Economist Technological Quarterly*, 8 June, 2006.

20 Bulman et al., Mixed-reality applications in urban environments', 121-122.

21 Hansmann et al., *Pervasive Computing*, 180-201.

22 Kenneth Cukier, "The hidden revolution", *The Economist*, 28 Apr., 2007.

23 A Soppera & T. Burbridge, "Maintaining privacy in pervasive computing – enabling acceptance of sensor-based services", 载 Steventon & Wright, *Intelligent Spaces*, 157-177, 此处在 158。

24 Martinez et al., "A sensor network for glaciers".

25 Soppera & Burbridge, "Maintaining privacy in pervasive computing", 161.

26 Soppera & Burbridge, "Maintaining privacy in pervasive computing", 173-174.

27 Marc Langheinrich "A privacy awareness system for ubiquitous computing environments", 载 *Proceedings of the 4th International Conference on Ubiquitous Computing*, Berlin: Springer-Verlag, 2002, 237-245。

28 Andreas Görlach, Andreas Heiemann & Wesley W. Terpstra, "Survey on location privacy in pervasive computing", 载 Philip Robinson, Harald Vogr & Waleed Wagealle (eds.), *Privacy, Security and Trust within the Context of Pervasive Computing*, Berlin: Springer Verlag, 2005, 23-34。

29 Timo Heiber & Pedro José Marrón, "Exploring the relationship between context and privacy", 载 Robinson et al., *Privacy, Security and Trust Within the Context of Pervasive Computing*, 35-48, Ian Smith, Anthony LaMarca, Sunny Consolvo & Paul Dourish, "A social approach to privacy in location-enhanced computing", 载 Robinson et al., *Privacy, Security and Trust Within the Context*

of Pervasive Computing，157-168。

30 在这一个案中有关电子标签的解释来自 D. Luckett，"The supply chain"，载 Alan Steventon & Steve Wright（eds.），*Intelligent Space*：*The Application of Pervasive ICT*，London：Springer-Verlag，2006，55-63。

31 "Radio silence"，*The Economist Technological Quarterly*，9 Jun.，2007.

32 "Radio silence"．

33 Alorie Gilbert，"Privacy advocates call for RFID regulation"，*CNET News. com*，18 Aug.，2003，http：//news. com. com/2100-1029 _ 3-5065388. html．

34 Paul Syverson，Ari Jules & Dan Bailey，"High-power proxies for enhancing RFID privacy and utility"，*Workshop on Privacy-Enhancing Technologies*，Dubrovnik，Croatia，30 May-1 June，2005，http：//petworkshop. org/2005/workshop/talks/paul-pets-0505. pdf（Powerpoint 幻灯片）。

35 Katherine Albrecht， "RFID tracking everything，everywhere"．，CASPIAM（Consumers Against Supermarket Privacy Invasion and Numbering）website，http：//www. nocards. org/AutoID/overview. shtml．

36 "Radio silence"．

37 Revelation 13：16. 例如见 http：//www. tldm. org/News4/MarkoftheBeast. htm，from These Last Days Ministry Inc。

38 A. Soppera，T. Burbridge & D. Molnar， "RFID security and privacy—issues，standards and solutions"，载 Steventon & Wright，*Intelligent Spaces*，179-198，此处在 192-193。

39 Soppera et al.， "RFID security and privacy"，190.

40 Syverson et al.， "High-power proxies for enhancing RFID privacy and utility"．

41 Sarah Spiekermann & Oliver Berthold， "Maintaining privacy in RFID-enabled environments—proposal for a disable-model"，载 Philop Robinson，Harald Vogt & Waleed Wagealla（eds.），*Privacy*，*Security and Trust within the Context of Pervasive Computing*，Berlin：Springer-Verlag，2005，137-146。

42 Soppera et al.， "RFID security and privacy"，197.

第九章
大家准备好,这里是圆形监狱

对形势的回顾

隐私是一个棘手的政治问题。数字技术和网络世界意味着我们已无法知道有什么人掌握着有关我们自己的哪些信息。我们不知道谁能够看到什么。如果我们以这种方式表达这一问题的话,那么几乎所有人面对着对这个"美好的新世界"都会感到紧张不安。只有像戴维·布林[1]等少数理想主义者才会声称自己能够轻松自如地应对这种信息泛滥的世界。

在1787年,实用主义哲学家杰拉米·边沁(Jeremy Bentham)设计出了一个理想的监狱,并称之为"圆形监狱"(panopticon)。在这种监狱中,每个犯人都随时可能受到监视,而他们自己不知道在什么时候会受到监视,从而创造出一种奥威尔式的"看不见的、无所不知的权威"的感觉。他的这一建议可以实现许多实际的目的。

其所要实现的目标可能非常不同,甚至完全相反:如惩罚屡教不改的犯罪分子，看管精神病人，改造堕落者，拘押犯罪嫌疑人，雇用游手好闲者，扶养无助者，治疗病人，在任何一个行业中指挥顺从的下属员工或教育和培训正在开化中的种族。一言以蔽之，它可以被应用于死囚牢、审前拘押所、监狱、矫正院、教养院、工厂、疯人院、医院和学校等各种机构。

很明显，在以上所有这些机构中，被监视者受到监视者的监视越频繁，这种机构的目标就能够得到越好的实现。如果要实现理想的状况——如果这些机构的目的是实现这种状况的话，那么就必须确保每个人在任何时候都处于被监视状态。但是如果无法实现这种状况的话，那么我们就只能退而求其次，那就是让这些机构中每一个受监视者每时每刻都有理由相信自己正在受到监视，在任何时候都无法肯定自己不会受到监视，因此只能认为自己一直在受到监视。[2]

用边沁的话说，这就是一个由"简单的建筑学理念"所决定的可以被观察的空间。而我们的数字技术所创造的正是这样一个空间。那么我们是未来是否值得担忧呢？我们肯定没有理由自鸣得意，但同样也没有理由恐慌。

首先，许多这类新技术所解决的问题与其所导致的问题大致相当。它们为我们提供便利，但同时又让我们付出相应的代价。技术是一把双刃剑。像谷歌这样奇妙的技术使我们能够在大得令人瞠目结舌的信息源中找到一些琐碎的有用信息。例如在谷歌中分别搜索"Kieron O'hara"和"Nigel Shadbolt"这两个名字，我们都会得到数万条结果，但是在这些结果中排在最前面的就是本书的两位合著者的主页。在这一过程中谷歌搜索了数以百万计的网页，而其所用的时间却不到十分之一秒。在像本书这样的著作的写作过程中，谷歌是一个不可缺少的研究工具。但是谷歌也有一个有害的方面，那就是坏人也可以利用它来获得具有破坏性的信息。策划恐怖袭击的恐怖分子首先访问的网站就是谷歌。[3]

其次，在另一方面，即使是那些最令人担忧的技术也具有积极的方面。许多监视技术可以帮助我们监测环境恶化，解决交通拥堵问题或维持治安。但是我们不能忘记官僚机构对于信息需求是日益增长的，永无止境的。为了获得更多的信息，它们可以违反自己所制定的规则。任何有关应该如何限制信息的使用以及哪些数据不能分享等等预先制定的规则对于它们来说还不如一张废纸。功能蠕变是一个绝对的现实。预先制定的协议和理解都对它起不到任何作用。对付它的唯一方法就是不断地监督信息的使用，永远不放松警惕。

再次，对于隐私问题，公众的担忧远不如评论者多。在发生诸如敏感信息被泄露的重大事件之后隐私可能会成为一个热点问题。但是在实际生活中，人们一般都愿意牺牲一部分隐私以换取在便利或服务方面的相对较小的改进。访问英国的外国人都会对那里无处不在的闭路电视监控摄像头感到吃惊。英国是世界上监控摄像头分布最密集的国家。[4]但是英国公众并没有感到紧张，反而安之若素。当然，英国选民和公民的这种淡定沉着的态度很可能是草率的，并且很可能在未来导致很多麻烦，但是其部分原因可能是在于：与其他欧洲国家相比，在英国历史上国家滥用信息的情况并不多。我们对英国身份证计划的个案研究肯定不能反驳有关我们为这一计划所可能付出的代价（如金钱、给公民带来的不便，以及某些自由的丧失）要大于它为我们所带来的利益（这些利益几乎全部是行政开支方面的节省）的说法。它看上去肯定像是一种有待应用的技术。[5]对于那些忧心忡忡的评论者来说，他们所面临的问题是如何以一种不那么过分渲染或偏执的方式说明隐私的重要性。

我们应该避免以笼统的方式描述对隐私的破坏。隐私有不同的种类，而反对隐私的论点也各不相同。个人与群体在几个不同的战线上展开争夺个人空间的斗争，其中任何一方都不可能在这种斗争中大获全胜，而只是在这里取得一个小小的胜利，在那里遭到一个无关紧要的失败。在背景之中，技术的惊人进步将不断改变这一问题的语境：在1990年被认为是想当然的假设在如今已经站不住脚了；而目前人们认为不言而喻的结论到了2020年就会变得非常幼稚了。

"怀疑主义文化"

哲学家奥诺拉·奥尼尔（Onora O'Neill）于2002年在"里思系列讲座"中争辩说，我们正在培养一种"怀疑主义文化"。[6]在这种文化中，有关（对政府机构、对科学家、对程序以及对其他公民）缺乏信任的声明随处可见。人们在面对民意测验专家时所做出的声明往往与他们的实际行为相反，但是他们怀疑和夸张的言辞往往会使当局采取过分的反应。有些评论者声称，奥尼尔所担心的是作为导致怀疑主义文化之主要原因的政府监视计划。[7]但这其实是对她的观点的一个重大误解。

人们往往会将监视与间谍或犯罪活动联系在一起。但是实际上实施监视的压力主要来自以下两个方面。首先，是对效率的韦伯式的需求。政府往往会将错误归咎于缺乏知识所导致的不确定性。虽然不确定性究竟是否为动态的和复杂的环境所固有的特性仍然是一个有争议的问题，但是政府却以此为借口寻求获得更多的信息。其次，是源自公民行为的自下而上的需求。我们要求政府对犯罪和恐怖主义采取更为强有力的措施。不仅如此，我们对政府（或公司）为追求效率而限制我们自由的做法几乎没有提出任何抱怨。我们在超市办理优惠卡；我们越来越少使用现金；我们在选举中不投推行身份证计划的政府的反对票。英国民治调查公司和《每日电讯报》于2006年11月所举行的民意调查——它是有关"监视社会"的较为深入的调查之一——表明，许多监视技术都受到了英国大多数人的积极支持（见表一）。只有11%的人认为他们经常受到监视；虽然44%的人认为政府掌握的有关公民的信息远远太多或者有点过多，但是还有41%的人认为政府所掌握的这种信息不多不少或者不够。[8]

表一：被调查者对"你对以下每项措施采取何种态度？"这一问题的回答（民治调查公司和《每日电讯报》于2006年11月28—30日举行的民意调查。所有这些数字均为占英国人口的百分比数）

措施	赞成	不赞成	不能肯定
在银行和建房互助协会安装闭路电视监控摄像头	97	1	2
在地铁和公共汽车上安装闭路电视监控摄像头	93	3	4
在酒吧外安装闭路电视监控摄像头	86	7	7
在主要街道上安装闭路电视监控摄像头	85	8	7
对飞机上的乘客进行照相	72	17	11
在出租车上安装闭路电视监控摄像头	65	21	14
在路边对被指控犯罪的嫌疑人提取指纹	56	27	18
超速摄像机	50	39	11
对飞机乘客提取指纹	45	37	18
将那些未被指控犯罪或者被宣布无罪的人的DNA测试结果存入全国性数据库中	37	48	15
用身份证上的芯片追踪每个使用身份证的人的行踪	16	70	14
使用高能麦克风监听大街上人们的谈话	7	79	14

现实主义

我们需要在原则和务实之间做出平衡。我们的价值——不管其原则性多强——如果缺乏可行的实现手段的话,那么它们除了让我们感到沮丧之外,在我们的实际生活中起不到太大的作用。

因此,虽然我们很希望给予隐私权神圣不可侵犯的地位,但是我们必须承认信息的传播极为容易,并且非常难以监管。隐私是一个规范性概念——它告诉我们应该如何对待他人。但是信息在实际上是无法阻止的。我们依赖于不滥用信息的惯例,甚至制定法律来惩罚滥用行为,但是我们仍然需要透明度和问责制。如果我们无法发现是谁滥用了信息的话,我们也就无法起诉他们。即使能够起诉他们,我们也可能没有权力使他们受到任何有意义的惩罚。如果网络隐私的情况也是如此的话,那么我们在网络世界的隐私权只不过是一句空话。如果我们只享有一些不能实施的权利的话,那么我们就没有任何实际的优势。

但是我们不能因此而感到彻底的悲观。虽然万维网很可能是世界上最复杂的一种技术,但是它仍然是一种技术,因此是可以被设计、改造和规范的。正如我们所看到的,现在人们已发起了许多旨在增加网络使用者的责任和透明度的行动。另外还有许多帮助人们明智地保护有关自己的信息的行动。这可能成为一场保卫我们的隐私权的战斗,并且很可能会涉及立法、政府与服务提供商和软硬件开发商之间的合作,以及我们所有人的负责态度。但是在现阶段我们没有理由放弃维护隐私(的某些方面)的所有可能性,即使在网络世界也是如此。虽然纠正某个错误是非常困难的事情,但是这并不意味着纠正这一错误的尝试是愚蠢的或错误的。

防范意识

对隐私的不正当干涉与正当干预之间的界限是非常细微的。对不同信息之间的关系的分析和研究往往是出于某种值得称赞的目的。例如美国财政部为调查洗钱和贩毒等犯罪而采用了各种不同的方法。其所创建的"经济犯罪执法网"（www.fincen.gov）将数百个政府数据库链接在了一起。该部门定期在其网络上对人们的行为模式进行分析研究，以发现异常或可疑的交易。目前在英国也有一个类似的机构，即"严重及有组织犯罪局"。它们承认，对于针对个人和组织的大多数高科技犯罪来说，最具威慑作用的措施就是所谓的"目标强化"，即加强人们的防范意识，使他们知道如何防止无正当理由的侵入、网络钓鱼、身份盗用以及其他各种侵犯隐私的行为。

这种教育应该从最基础的层面开始。大多数人都不知道他们最熟悉的装置和设备是如何破坏他们自己的隐私的。例如，一些应用软件定期在计算机与它们所产生的文件之间建立联系。当你用电子邮件发送一个微软 Word 文件的时候，你可能不经意地将有关这一文件的各种较早的版本、对这一文件所做的编辑和修改等许多信息同时也发送了出去。另外还有 cookie、网页浏览器和所谓的防火墙之内的隐私等问题。

许多个人和组织对于存有非常重要和私人的信息的装置采取了极为轻率的态度。让我们以一个数字设备的二手市场为例。麻省理工学院的一些学生讲述了他们是如何分析一批二手硬盘的。你也许认为，这些硬盘既然是从有着良好声誉的中间商那里出售的，那么它们上面的个人信息应该已经被删除了。然而这些学生却仍然能够从这些硬盘上恢复大量的各种敏感信息。其中一个硬盘曾经是自动取款机上的一部分。它包含了大量的账户交易信息。其他硬盘包含了信用卡账号、电子邮件、包含着敏感的医学信息的信件，等等。他们证明，二手硬盘市场上充斥着各种保密信息。软件开发商肯定能够开发一个知道在什么情况下应该从硬盘中彻底清除已删除文件的系统。它们可以首先考虑开发一个可以迅速删除硬盘上所有信息的简单的应用软件。它们为什么不能在这方面向我们提供帮助呢？

技术可能被滥用，但是如果你真的担心自己的隐私的话，那么你所能够做的最有效的保护隐私的措施就在网络上发布信息的时候采取谨慎态度。有关酗酒和性行为的博客和照片如果不在 MySpace 或 Photobucket 等网站上发表的话，那么它们被滥用的可能性就要小得多。你可以合理地假定任何对你感兴趣的人都会用谷歌来搜索你的信息。在这种情况下，你还可以假定你在 MySpace 中的个人网页以及你的朋友的网页都被附在了你的简历上。万维网的宗旨就是促进信息的偶然的使用。因此我们应该预料到有关我们自己的信息被复制、被链接或合并到其他文件指针。在麦克卢汉的全球村中我们不应该指望于匿名。

特别是法律无法仅凭自己的力量解决所有问题。互联网是一个高度分散的技术，由分布在各个非常不同的管辖权范围内的机器之间的连接所构成。当然，每个机器都位于某个管辖权范围之内，但是作为一个整体的互联网则是国际性的，不能很容易地被纳入某个主流的法律框架之中。另外，人们在网络外的世界中通常能够获得的许多信号在网上却往往无法获得。例如，在网络外世界中，如果一种印刷品很难获得，那么人们就会对它的合法性产生怀疑。一种东西在沃尔玛出售这一事实向我们发送了一个信号，即这种东西为合法商品。而如果一种东西只有在位于市区一个肮脏破烂的冷僻小巷中的一个无名小店中才能够买到的话，那么我们所得到的则是一种完全不同的信号。但是在网络世界中我们是得不到这些暗示的。要提高这方面的意识就必须对相关的法律和技术情况有更为深入全面的了解。[9]

那些使用数字信息技术的人会留下各种痕迹。你也可以避免留下痕迹，但是如果这样的话你就不能使用移动电话和信用卡，不能上网，不能在繁忙路段收费区或收费公路开车，不能填写调查问卷，等等。换言之，一个人仅仅为了恢复到20世纪80年代的隐私水平就必须过着近乎偏执狂一样的生活。[10]英国政府在有关《身份证法》的辩论中所提出的最似是而非的理由就是：要求任何申请护照的人同时必须申请身份证的计划并没有构成强迫，因为政府并没有强迫任何人申请护照。

当然，你可以选择不出国旅行，不使用移动电话，并且尽可能使用现金，等等。许多环保主义者希望回到一个不那么高科技，没有那么多的消费和旅行，因而被认为有更多隐私的世界之中。但是如果这样的话，那么他们在21世纪的生活就会变得非常困难，并会失去很多机会。没有多少人热衷于过这样一种苦行僧式的生活。更为可能的情况是，我们将继续使用不断出现在商场货架上的这些数字产品。对于英国的身份证制度，有些大胆的人可能会冒着坐牢的危险去销毁自己的身份证[11]，而大多数英国人的反应只是耸耸肩，对政府稍微感到有些不满，但是最终会接受这一制度。

高科技时代面临的一个困境就是：我们应该在多大程度上容纳极少数拒绝高科技的人。拒绝一项技术的人越多，他们的势力就越强大。但是一旦对一项技术的抵制崩溃（这种情况通常会发生，但并不总是如此），那么不使用这种技术的人在社会上就变得寸步难行了。这种问题所影响的往往是老人、使用不起新技术的穷人，以及（有时但并不总是）受教育程度较低的人。技术的更新往往会使以上这些人受到比其他群体更大的不利影响。

如今人们几乎不可能在西方民主国家中生活而不留下任何信息。既然如此，我们所应该做的是确保人们意识到这一现实，而不是为使少数人能够躲避这一现实而花费巨大的代价去重新设计政府制度。数据保护机构应该确保我们目前这个美好的新世界能够安全运作。正如英国助理信息专员乔纳森·班福德（Jonathan Bamford）所指出的：

> 我认为我们必须承认一个事实，那就是：如果我们想要过自己所选择的生活，利用诸如互联网和移动电话等现代技术以及所有那些我们认为可以为我们的生活带来好处的东西，那么我们就必须接受我们的行为或交易可能被追踪或记录的风险。我认为重要的是，虽然目前存在新技术侵犯我们隐私的可能性，但是同时存在一个积极的数据保护机制。它在本质上为个人提供了空间因素，以防止他们的隐私受到不合理的侵犯。如果披露某个移动电话记录对于侦破诸如强奸或谋杀等严重犯罪来说是至关重要的，那么我认为这是我们作为一个社会所应该接受的对私生活的合理干预。但是这并不意味着为了一般性的商业目的或为了更为一般性的政府目的就可以随意使用这种信息。[12]

因此我们在采取相关行动时应该保持谨慎态度，并且我们应该知道法律在隐私保护方面做出了哪些规定，以及这些规定的界限。我们应该鼓励人们就隐私问题开展更为广泛的、目标更明确的辩论。我们所面临的一个问题就是，信息过滤和监视的方法是随着新技术的投入使用而以非正式的形式出现的，而我们又缺乏在民主的条件下正式评估对网络空间的监管活动的方法。[13]

在商业领域中的隐私和安全状况也不能令人满意,这主要是由高级管理部门和 IT 部门之间对相关情况的理解差异所导致的。许多经理希望通过购买最好的技术,并由最好的技术人员对其进行维护来解决相关问题。但是正如我们所发现的,人和系统至少与硬件和软件一样重要。黑客和病毒固然很坏,但是对隐私的侵犯大多数都是由雇员对信息的管理不当、不安全的无线接入点、丢失或被盗的笔记本电脑和未能从前雇员那里收回全部信息等原因所导致的。远比技术更为重要的是确保雇员具有尊重别人信息和隐私的动力,并且制定恰当的政策和程序。而这些政策必须得到高级管理人员——而非技术人员——的认可。管理层必须让雇员明白他们对信息安全和隐私的重视。在董事会层面上,首席隐私或安全官员应当成为高级管理层的一个重要的组成部分。应该在整个企业或组织中传达这样一个信息,即对信息的威胁与企业或组织为之定期采取控制措施和投保的其他威胁一样严重和具有破坏力。[14]

就我们自己的个人信息资源而言,我们需要警惕来受到自外部攻击的危险。具有网络连接的个人电脑的拥有者应该确保他们的电脑上安装了防火墙和杀毒软件,并且及时更新安全系统。大多数操作系统在发现安全漏洞的时候都会通过补丁自动更新。

及时更新安全系统非常重要。对于电脑安全来说,最关键的时刻并不是发现操作系统存在漏洞的时刻,而是补丁被公开的时刻。漏洞在操作系统的整个使用过程中都是存在的,但是在人们发现它之前是完全无害的。它们的发现者往往是操作系统开发商的雇员或代理商——即使在操作系统被投放市场之后,开发商仍然继续对这些系统进行严格的测试。在这种情况下这些漏洞是没有危险的,因为出于明显的原因,开发商不希望破坏其自己开发的操作系统。它们会在绝对保密的条件下编写一个能够弥补漏洞，消除安全隐患的补丁。因此在这种情况下漏洞的**发现**并不会导致任何问题。

在补丁编写完毕之后，开发商需要将其发送给所有使用有漏洞的操作系统的用户。而这个时候是一个危险点。开发商应该对这种补丁进行广泛而全面的宣传，以使所有用户都知道其存在。与此同时，这种宣传也会惊动大量的黑客。他们都试图通过补丁了解开发商想要修补哪些漏洞。其中许多人都能够编写出攻击这些漏洞的恶意程序。因此在开发商分发补丁和用户安装补丁之间存在着一个时间差。在这段时间内他们的电脑处于脆弱状态，而黑客们则可以使用许多方法来利用这种脆弱性。用户在安装补丁方面拖延得越久，其电脑系统就越脆弱。这种更新过程通常是自动的，因此非常迅速。但是如果一个人未能正确设置电脑系统的安全升级程序，那么其系统就可能受到攻击。在这个问题上认知程度同样也是关键。

我们还应该了解什么受到保护，什么没有受到保护。例如，用户的警惕态度就足以挫败网络钓鱼攻击——银行在网上要求用户提供的信息应该是非常有限的。用户不能向他人透露更多的信息，尤其不能透露其账户口令或个人识别号码。我们只要仔细检查一下网络钓鱼电子邮件往往可以发现一些明显的破绽，如英语语法和拼写以及商标位置方面的错误。在浏览器上也会出现很多诸如网址、状态栏和安全状态方面的重要提示。但是用户往往会忽略这些提示，结果做出错误的选择。在一个小型调查中，有四分之一的被调查者根本不看或不理解浏览器所发出的有关一个网站是否可靠的信号。[15]

技术认知程度与网络形象的力量之结合构成了一个重要的矩阵，揭示了网络隐私是如何以不均匀的方式分布的，并且使之成为一个有关正义和公平的问题。对网络隐私问题的市场解决方法取决于消费者的消息是否足够灵通，是否能够购买到合适的隐私增进技术，以及是否设置了恰当的防火墙等等。但信息是不断变化的，保护隐私所需要做出的努力可能超出许多人的能力范围。随着社会将越来越多的功能转移到网络上，越来越多的人的生活也将进入到更为危险的网络生活之中，而这一过程是在许多人不知情或未经其同意的情况下发生的。我们这个社会可能会在隐私领域出现"贫富分化"。[16]这个推断得到了经验证据的支持。那些根本不使用互联网的人也根本不信任互联网。而那些刚刚学会上网的菜鸟们则对网络过于信任。那些没有专业知识的人无法获得必要的经验，因而更有可能不信任这一技术，并且无法从中受益。而新的使用者则非常容易受到侵害。只有那些经验丰富的使用者才能够最有效地利用互联网，给予其适度的信任，并且从中获得最大利益。在隐私领域的贫富分化也反映在数字技术领域的分化以及许多其他领域的社会分化之中。[17]

技术能做什么？

问题并不在于技术，只是如果没有信息技术所带来的利益，也就没有代价。人要比螺丝、螺母、芯片和线路更为重要。技术的使用者需要知道其所使用的技术存在哪些风险，以及什么是明智的做法，什么不是。所有的技术是由管理者、顾客、决策者、经理和安全顾问所组成的整个社会系统的一个部分。不仅每项有用的技术都是由人所设计的，而且它们还被一个由在真实世界中管理其使用的人所组成的支持网络所包围。一个极为重要，但却很容易被忽略的问题就是如何理顺这一系统中的人的因素之间的关系。这一系统意味着技术的目的是为了保护人的隐私，为人服务，而不是"为了技术而技术"。

对隐私的偏好是一个复杂的问题,并且会随着语境的不同而不同。由于网络世界发展日益迅速,并且充满了各种代理(其中许多是人工的),因此我们越来越需要用机读的方式来表达我们的隐私偏好。这会导致两个问题:首先,人们并不习惯于——有些人可能根本就不会——用一种清晰和连贯的方式表达其隐私偏好;其次,要以计算机所能够理解的方式表达则更为困难。目前已经出现了帮助人们表达其隐私偏好,并且使公司、组织和政府随时了解其义务的方法。这些方法与超强防火墙和反黑客装置相比可能显得平淡无奇,但是在数字世界中许多隐私问题就是由于一个人未能明确表达其隐私偏好,或者一个组织未能确定自己在隐私方面的义务或就这些义务采取行动所导致的。这种语言起草和标准设定是一项重要的社会政治活动,并且是网络空间安全的一个关键因素。[18]

个人信息可以在互联网和分布于各地的数据库中广为传播。有关你的信息被存储在各种组织的数据库中,并且你很难追踪这些信息的使用情况。在开放的网络上以及在各种可以访问的结构化的数据库中有关一个个人的信息的总量是非常大的。例如在英格兰,这些信息包括在1982年就已经电子化的出生、死亡和婚姻记录,各种选民登记册,由数百万个人提交的详细的规划申请,英国公司登记局所保存的三四百万个公司经理的详细信息等等。这些信息源对于身份窃贼来说都是巨大的宝藏。在大多数国家中,数据保护法都应该使你能够找到这些信息并且应该确保这些信息的正确性——条件是你有足够的时间和精力去寻找这些信息。然而我们没有理由认为我们所信任的技术不能通过搜索各种信息源自动或半自动地将有关我们的信息整合在一起。这种系统应该是受到信任的,并且也是非常值得信任的,但是一旦(某个品牌的服务提供商)开发出了这样一个系统，那么它就能够将所有与你有关的信息搜罗到一起。

在这方面的一个例子就是加尔利克（Garlik）公司。[19]该公司致力于利用语义网技术使个人消费者对自己的数字信息享有更大的控制权。截至2007年7月初，它已经拥有超过6万个注册用户，并且正在计划推出其第二个信息巡检产品。加尔利克公司是由Egg网络银行的创始人（及该银行首席技术官员、本书作者之一奈杰尔·沙德博尔特）所建立的。其顾问包括隐私专家、律师和研究人员。该公司的目标是通过向人们揭示在网络上以及在那些可以访问的结构化数据库中有哪些信息，他们可以如何利用这些信息，以及如何避免受到身份诈骗的侵害，从而使他们对自己的数字身份拥有更大的控制权。

加尔利克试图审查有关人们的信息并通过一种以人为本的结构将其重新表述出来。它从开放的网络上收集数据。它还从各种免费或经申请可以访问的数据库（如包含英国出生、死亡和婚姻记录的GRO和BDM数据库，英国选民登记册以及许多其他数据库）中提取结构化或半结构化的数据。它在这种数据采集活动中使用了一个开放资源网络搜索器和搜索引擎功能。自然语言处理程序被用来搜寻人们的名字、敏感信息以及与其他个人或组织的关系。

这个公司到目前为止所取得的成功主要归功于其强大的品牌、面向消费者的精神以及世界一流的技术基础结构和专业技能。它所提供的技术的一个关键性特征就是语义网功能——正如我们在前面所讨论过的，这些功能可以给数据检索带来更高的准确性、与网络的更多的数据链接以及由此而导致的各种积极和消极的影响。

语义网背后的一个组织理念就是：应该让人们自己界定各种他们所希望提到或以其他各种方法操作的事物及其与其他事物的关系。已界定的兴趣领域往往是从分类学或本体论的角度加以描述的。这种方法描述各种类别的事物以及它们之间的关系。例如，一个地址可能被定义为一种位置，而城市代码可能被界定为仅适用于位置。类别、子类和实体之间的关系在网络中都是功能强大的工具。通过赋予类别属性并允许子类继承这些属性，我们可以表示大量实体之间的关系。如果城市代码的类别为"城市"并且城市一般都有网站的话，那么即使没有数据库将一个城市代码与一个网站直接联系在一起，我们也可以讨论与一个城市代码相联系的网站。一旦我们以这种方式在数据之间建立联系，各种令人惊叹的可能性就会浮出水面。加尔利克使用这种方法将有关特定个人的信息搜罗在一起，以使这些个人意识到这些信息使他们处于何种脆弱的处境。

任何对侵入性隐私技术的回顾都必须包含我们在上几页中所讨论的信息处理能力与目前可以购买到的、具有强大功能和广泛应用范围的传感技术的结合。近年来在这方面最惊人的一个例子就是"谷歌地球"[20]。这一软件通过万维网浏览器提供地球上大多数地区的高保真卫星图像。房地产商利用它寻找可供其开发的区域。人们还可以通过它看到未经许可搭建的房屋扩展部分。更加鼓舞人心的是，人道主义机构曾利用它评估达尔富尔地区村庄受到损毁的程度，从而使国际社会认识到了这一地区问题的严重性。在"谷歌地球"出现不久又出现了"谷歌街道"。后者提供美国大都市某些地区的高清图像。它使你能够在一个街道上行走的同时观看当时监控探头所拍摄下来的各种图像：一个年轻人正逃离一个入室盗窃案的现场；另一个年轻人正从一个脱衣舞夜总会走出来。在这种情况下我们的隐私或匿名值多少钱？随着这一过程越来越全面、越来越实时，偶发性监视将成为一种现实。

从电话到摄像机、从卫星到闭路电视监控摄像的各种光学分辨技术在不断地得到改进，其成本迅速下降，并且它们变得无所不在。因此最好的卫星图像分辨率究竟有多少——从地球轨道上拍摄时大约 5 至 6 英寸——也许已经不重要了,因为你在一天的很长一段时间内都可能会暴露在某个摄像头之下:你走在大街上的时候路边某个人正在使用的中等分辨率手机、商店中的安全摄像头、公路上的车牌号识别系统以及在天空中的摄像机。

但是我们不必为这一技术而过分惊慌,因为我们首先应该记住,在监视活动中最重要的因素是发起或支持这种行动的个人、组织或国家。如今我们所身处的这个网络使用信息结构的一个突出特征就是不同的个人可以为了某个共同的目的而将自己和他人充分地调动起来,而其中一种类型的目的就是监视。有一些个人群体能够通过泛在通信基础设施实现某些特定的目的。在美国肯萨斯州有一个群体专门对不良驾驶行为进行拍照并将其发布在网上,然后让大家"人肉搜索"图像上的这些具有不良驾驶行为的人,以便对他们进行批评教育。在纽约市的另一个群体则致力于寻找和追踪名人。只要其中的一个成员发现了某个名人,他就会立即通知群体的其他成员,于是一群网络暴民就诞生了。成百上千的人都被调动了起来,蠢蠢欲动。当然,还有许多群体自发组织起来关注那些在陆地、海洋和天空中处于危险状态的人,或支持那些贫穷、体弱和孤独的人。我们只不过将人类在过去二百万年中一直就具有的协调行动的能力应用在了网络上。我们的技术使我们能够非常快速地发起、使用和解散任何形式的网络。

关于这个美好新世界的初步结论

对付网络隐私问题的关键在于绝对不要退出这个美好的新世界:虽然网络世界可能困难重重,令人望而生畏,但是在这里我们所得到的机会肯定大于我们所付出的代价。我们所应该注意的是不要轻易做出在线空间与离线空间具有相同属性这一简单的结论。我们需要认识到我们所做出的承诺和承担的风险,并且我们需要使用技术来追踪网络上所发生的事情。数字世界太大、太复杂了,无法通过手工来完成所有事情。它是由技术所创造的,因此也必须通过技术进行监管。

摩尔定律和万维网改变了一切。如今这个世界与冷战时期相比已大不相同了。麦克卢汉所预言的地球村时代终于到来了。我们自己的事情成为了所有人的事情。技术领域的改变与意识形态领域的改变相辅相成,而人们已不再对权威怀有敬意。这意味着透明度的大幅度增加。在可预见的未来我们将无法再回到过去的那个不透明的世界之中。

如果人们意识到自己所作所为可能导致各种后果,自己的当下行为会给他人留下长久的记忆,自己所讲述的故事的听众或读者要远比其所想象的广泛,那么他们就会做他们所擅长做的事情,那就是协商出一套根据语境披露信息的微妙的策略。但是他们需要充分认识到在线世界不同于离线世界,特别是数字"记忆"可能会持续很长时间。

我们在许多方面都相对他人来说变得更为透明了,而对于个人来说整个世界却变得越来越不透明了。我们曾争辩说,我们必须认识到技术的能力、相关的法律以及在线操作的风险,但是认识本身也是一个问题。我们很难完全认识到谁正在对我们的个人信息做着什么样的事情。软件工具和谷歌可以帮助我们随时了解我们的网络形象,但是从根本上说我们无法确定究竟是谁在传播有关我们的信息或虚假信息,谁在使用我们的身份,或者有哪些传感器正在监视我们。

透明度并不是治愈世界上各种弊病的万灵药,并且如果我们不了解许多人的工作和生活中存在的各种复杂的可能性,透明度反而会降低人们之间的信任。[21]现在我们在公开的条件下行事。作为回报,我们也可以看到其他人同样在公开的条件下行事。保守秘密变得比以往困难多了。并且自从水门事件发生之后,"掩盖真相几乎总会导致比真相更为糟糕的后果"已经成为一个政治上的老生常谈。正如戴维·布林所指出的,在这个问题上我们中的大多数人都有着双重标准:我想要**我**的隐私,但是我想要**你**对自己的行为负责。[22]我们无法维持这样一种自相矛盾的模式。

但是无论我们这个美好的新世界的某些方面是多么的自相矛盾和不受欢迎,过去二十多年来计算技术的发展在人身自由、表达自由、经济繁荣,甚至政治权力方面为个人带来了巨大的利益(并且在娱乐、工作方法和个人通信方面也为我们带来了新的非凡的前景)。不可思议的奇迹很快就变成了司空见惯的事物。

我们知道这个新世界的到来大大地改变了个人的能力,但是我们还应该意识到它也改变了个人与社群之间的关系。在20世纪初人们所能够享有的隐私如今已经一去不复返了。作为交换,我们获得了许多在一个世纪之前人们连做梦都想象不到的能力、技巧和机会。我们需要确保自己为这个美好新世界的到来做好准备,获得必要的装备和教育。在这个新的世界中我们充分发挥自己的个性。与此同时,我们又可以成为更多具有全球性和本地性社群的成员。

注　释

1 David Brin, *The Transparent Society*: *Will Technology Force Us to Choose Between Privacy and Freedom*? New York, Basic Books, 1999.

2 Jeremy Bentham, "Panopticon", 载 Jeremy Bentham, *The Panopticon Writings*, ed. Miran Bozovic, London: Verso, 1995, 29-95。

3 Gabriel Weimann, *Terror on the Internet*: *The New Arena, the New Challenges*, Washington D. C.:

United States Institute of Peace Press, 2006.

4 David Lyon, *Surveillance after September 11*, Cambridge: Polity Press, 2003.

5 "Mistaken identity", *The Economist*, 30 June, 2005.

6 Onora O'Neill, *A Question of Trust: The BBC Reith Lectures, 2002*, Cambridge: Cambridge University Press, 2002. 另见 Kieron O'Hara, *Trust: From Socrates to Spin*, Duxford: Icon Books, 2004。

7 David Lyon, *Surveillance after September 11*, 58-59.

8 YouGov/*Daily Telegraph* poll, 28-30 Nov., 2006, http://www.yougov.com/archives/pdf/TEL060101024_4.pdf.

9 Jonathan Zittrain, "Internet points of control", 载 Sandra Braman (ed.), *The Emergent Global Information Policy Regime*, Basingstoke: Palgrave Macmillan, 2004, 203-227, 此处在 224。

10 Kieron O'Hara & David Stenvens, *Inequality.com: Power, Poverty and the Digital Divide*, Oxford: Oneworld, 2006, 259-260.

11 根据这一民意调查,如果对拒绝办理身份证的惩罚是小额罚款的话,那么有8%的英国公众会不办理身份证;如果惩罚是大额罚款的话,有3%的人会不办理身份证;如果惩罚是短期监禁的话,有3%的会冒险以身试法;如果惩罚是长期监禁的话,有3%的人会冒这个险。另外还有4%的人声称他们在办完身份证后会将其销毁。这些数据肯定是有水分的——我们希望如此,否则的话英国的监狱就会人满为患了:目前英国监狱系统能够容纳8万名犯人,只相当于英国总人口的0.8%。

12 *Analysis*, BBC Radio 4, 5 Aug., 2004.

13 Zittrain, "Internet points of control", 224.

14 Tom Standage, "Securing the Cloud", *The Economist*, 24 Oct., 2002. 关于从另一个视角的阐述,见 Lyon, *Surveillance after September 11*, 84。

15 Rachna Dhamija, J. D. Tygar & Marti Hearst, "Why phishing works", *Conference on Human Factors in Computing Systems* (*CHI 2006*), Apr. 2006, http://people.deas.harvard.edu/~rachna/papers/why_phishing_works.pdf.

16 O'Hara & Stevens, *Inequality.com*, 267-271.

17 William H. Dutton & Adrian Shepherd, "Confidence and risk on the Internet", 载 Robin Mansell & Brian S. Collins (eds.), *Trust and Crime in Information Societies*, Cheltenham: Edward Elgar Publishing, 2005, 207-244。

18 参见 Helen Nissenbaum, "Privacy as contextual integrity", *Washington Law Review*, 79 (1), 2004, 119-158, Lorric Cranor, Marc Lanheirich, Massimo Manchiori, Martin Presler-Marshall & Joseph Reagle, *The Platform for Privacy Preferences 1.0* (*P3P 1.0*) *Specification*, World Wide Web Consortium recommendations, 16 Apr., 2002, http://www.w3.org/TR/P3P/, Marco Casassa Mont, *Towards Scalable Management of Privacy Obligations in Enterprises*, Hewlett-Packard Trusted Systems Laboratory technical report HPL-2006-45, 16 Mar., 2006, Ian Smith, Anthony LaMarca, Sunny Consolvo & Paul Dourish, "A social approach to privacy in location-enhanced computing", 载 Robinson et al., *Privacy, Security and Trust within the Context of Pervasive Computing*, 157-168, Daniel J. Weitzner, Jim Hendler, Tim Berners-Lee & Dan Connolly, "Creating

a policy-aware Web: discretionary, rule-based access for the World Wide Web", 载 E. Ferrari & B. Thuraisingham (eds.), *Web and Information Security*, Hershey PA: Idea Group Inc, 2005, http://www.w3.org/2004/09/Policy-Aware-Web-act.pdf。

19 https://www.garlik.com/index.php.
20 http://earth.google.com/.
21 Onora O'Neill, *A Question of Trust: The BBC Rith Lectures* 2002, Cambridge: Cambridge University Press, 2002.
22 Brin, *The Transparent Society*.

新知
文库

01 《证据：历史上最具争议的法医学案例》[美]科林·埃文斯 著　毕小青 译
02 《香料传奇：一部由诱惑衍生的历史》[澳]杰克·特纳 著　周子平 译
03 《查理曼大帝的桌布：一部开胃的宴会史》[英]尼科拉·弗莱彻 著　李响 译
04 《改变西方世界的 26 个字母》[英]约翰·曼 著　江正文 译
05 《破解古埃及：一场激烈的智力竞争》[英]莱斯利·罗伊·亚京斯 著　黄中宪 译
06 《狗智慧：它们在想什么》[加]斯坦利·科伦 著　江天帆、马云霏 译
07 《狗故事：人类历史上狗的爪印》[加]斯坦利·科伦 著　江天帆 译
08 《血液的故事》[美]比尔·海斯 著　郎可华 译　张铁梅 校
09 《君主制的历史》[美]布伦达·拉尔夫·刘易斯 著　荣予、方力维 译
10 《人类基因的历史地图》[美]史蒂夫·奥尔森 著　霍达文 译
11 《隐疾：名人与人格障碍》[德]博尔温·班德洛 著　麦湛雄 译
12 《逼近的瘟疫》[美]劳里·加勒特 著　杨岐鸣、杨宁 译
13 《颜色的故事》[英]维多利亚·芬利 著　姚芸竹 译
14 《我不是杀人犯》[法]弗雷德里克·肖索依 著　孟晖 译
15 《说谎：揭穿商业、政治与婚姻中的骗局》[美]保罗·埃克曼 著　邓伯宸 译　徐国强 校
16 《蛛丝马迹：犯罪现场专家讲述的故事》[美]康妮·弗莱彻 著　毕小青 译
17 《战争的果实：军事冲突如何加速科技创新》[美]迈克尔·怀特 著　卢欣渝 译
18 《口述：最早发现北美洲的中国移民》[加]保罗·夏亚松 著　暴永宁 译
19 《私密的神话：梦之解析》[英]安东尼·史蒂文斯 著　薛绚 译
20 《生物武器：从国家赞助的研制计划到当代生物恐怖活动》[美]珍妮·吉耶曼 著　周子平 译
21 《疯狂实验史》[瑞士]雷托·U. 施奈德 著　许阳 译
22 《智商测试：一段闪光的历史，一个失色的点子》[美]斯蒂芬·默多克 著　卢欣渝 译
23 《第三帝国的艺术博物馆：希特勒与"林茨特别任务"》[德]哈恩斯－克里斯蒂安·罗尔 著　孙书柱、刘英兰 译
24 《茶：嗜好、开拓与帝国》[英]罗伊·莫克塞姆 著　毕小青 译
25 《路西法效应：好人是如何变成恶魔的》[美]菲利普·津巴多 著　孙佩妏、陈雅馨 译
26 《阿司匹林传奇》[英]迪尔米德·杰弗里斯 著　暴永宁、王惠 译

27	《美味欺诈:食品造假与打假的历史》[英]比·威尔逊 著	周继岚 译
28	《英国人的言行潜规则》[英]凯特·福克斯 著	姚芸竹 译
29	《战争的文化》[以]马丁·范克勒韦尔德 著	李阳 译
30	《大背叛:科学中的欺诈》[美]霍勒斯·弗里兰·贾德森 著	张铁梅、徐国强 译
31	《多重宇宙:一个世界太少了?》[德]托比阿斯·胡阿特、马克斯·劳讷 著	车云 译
32	《现代医学的偶然发现》[美]默顿·迈耶斯 著	周子平 译
33	《咖啡机中的间谍:个人隐私的终结》[英]吉隆·奥哈拉、奈杰尔·沙德博尔特 著	毕小青 译
34	《洞穴奇案》[美]彼得·萨伯 著	陈福勇、张世泰 译
35	《权力的餐桌:从古希腊宴会到爱丽舍宫》[法]让-马克·阿尔贝 著	刘可有、刘惠杰 译
36	《致命元素:毒药的历史》[英]约翰·埃姆斯利 著	毕小青 译
37	《神祇、陵墓与学者:考古学传奇》[德]C. W. 策拉姆 著	张芸、孟薇 译
38	《谋杀手段:用刑侦科学破解致命罪案》[德]马克·贝内克 著	李响 译
39	《为什么不杀光?种族大屠杀的反思》[美]丹尼尔·希罗、克拉克·麦考利 著	薛绚 译
40	《伊索尔德的魔汤:春药的文化史》[德]克劳迪娅·米勒-埃贝林、克里斯蒂安·拉奇 著 王泰智、沈惠珠 译	
41	《错引耶稣:〈圣经〉传抄、更改的内幕》[美]巴特·埃尔曼 著	黄恩邻 译
42	《百变小红帽:一则童话中的性、道德及演变》[美]凯瑟琳·奥兰丝汀 著	杨淑智 译
43	《穆斯林发现欧洲:天下大国的视野转换》[英]伯纳德·刘易斯 著	李中文 译
44	《烟火撩人:香烟的历史》[法]迪迪埃·努里松 著	陈睿、李欣 译
45	《菜单中的秘密:爱丽舍宫的飨宴》[日]西川惠 著	尤可欣 译
46	《气候创造历史》[瑞士]许靖华 著	甘锡安 译
47	《特权:哈佛与统治阶层的教育》[美]罗斯·格雷戈里·多塞特 著	珍栎 译
48	《死亡晚餐派对:真实医学探案故事集》[美]乔纳森·埃德罗 著	江孟蓉 译
49	《重返人类演化现场》[美]奇普·沃尔特 著	蔡承志 译
50	《破窗效应:失序世界的关键影响力》[美]乔治·凯林、凯瑟琳·科尔斯 著	陈智文 译
51	《违童之愿:冷战时期美国儿童医学实验秘史》[美]艾伦·M.霍恩布鲁姆、朱迪斯·L.纽曼、格雷戈里·J.多贝尔 著 丁立松 译	
52	《活着有多久:关于死亡的科学和哲学》[加]理查德·贝利沃、丹尼斯·金格拉斯 著	白紫阳 译
53	《疯狂实验史Ⅱ》[瑞士]雷托·U.施奈德 著	郭鑫、姚敏多 译
54	《猿形毕露:从猩猩看人类的权力、暴力、爱与性》[美]弗朗斯·德瓦尔 著	陈信宏 译
55	《正常的另一面:美貌、信任与养育的生物学》[美]乔丹·斯莫勒 著	郑嬿 译

56	《奇妙的尘埃》[美]汉娜·霍姆斯 著 陈芝仪 译	
57	《卡路里与束身衣:跨越两千年的节食史》[英]路易丝·福克斯克罗夫特 著 王以勤 译	
58	《哈希的故事:世界上最具暴利的毒品业内幕》[英]温斯利·克拉克森 著 珍栎 译	
59	《黑色盛宴:嗜血动物的奇异生活》[美]比尔·舒特 著 帕特里曼·J. 温 绘图 赵越 译	
60	《城市的故事》[美]约翰·里德 著 郝笑丛 译	
61	《树荫的温柔:亘古人类激情之源》[法]阿兰·科尔班 著 苜蓿 译	
62	《水果猎人:关于自然、冒险、商业与痴迷的故事》[加]亚当·李斯·格尔纳 著 于是 译	
63	《囚徒、情人与间谍:古今隐形墨水的故事》[美]克里斯蒂·马克拉奇斯 著 张哲、师小涵 译	
64	《欧洲王室另类史》[美]迈克尔·法夸尔 著 康怡 译	
65	《致命药瘾:让人沉迷的食品和药物》[美]辛西娅·库恩等 著 林慧珍、关莹 译	
66	《拉丁文帝国》[法]弗朗索瓦·瓦克 著 陈绮文 译	
67	《欲望之石:权力、谎言与爱情交织的钻石梦》[美]汤姆·佐尔纳 著 麦慧芬 译	
68	《女人的起源》[英]伊莲·摩根 著 刘筠 译	
69	《蒙娜丽莎传奇:新发现破解终极谜团》[美]让–皮埃尔·伊斯鲍茨、克里斯托弗·希斯·布朗 著 陈薇薇 译	
70	《无人读过的书:哥白尼〈天体运行论〉追寻记》[美]欧文·金格里奇 著 王今、徐国强 译	
71	《人类时代:被我们改变的世界》[美]黛安娜·阿克曼 著 伍秋玉、澄影、王丹 译	
72	《大气:万物的起源》[英]加布里埃尔·沃克 著 蔡承志 译	
73	《碳时代:文明与毁灭》[美]埃里克·罗斯顿 著 吴妍仪 译	
74	《一念之差:关于风险的故事与数字》[英]迈克尔·布拉斯兰德、戴维·施皮格哈尔特 著 威治 译	
75	《脂肪:文化与物质性》[美]克里斯托弗·E. 福思、艾莉森·利奇 编著 李黎、丁立松 译	
76	《笑的科学:解开笑与幽默感背后的大脑谜团》[美]斯科特·威姆斯 著 刘书维 译	
77	《黑丝路:从里海到伦敦的石油溯源之旅》[英]詹姆斯·马里奥特、米卡·米尼奥–帕卢埃洛 著 黄煜文 译	
78	《通向世界尽头:跨西伯利亚大铁路的故事》[英]克里斯蒂安·沃尔玛 著 李阳 译	
79	《生命的关键决定:从医生做主到患者赋权》[美]彼得·于贝尔 著 张琼懿 译	
80	《艺术侦探:找寻失踪艺术瑰宝的故事》[英]菲利普·莫尔德 著 李欣 译	
81	《共病时代:动物疾病与人类健康的惊人联系》[美]芭芭拉·纳特森–霍洛威茨、凯瑟琳·鲍尔斯 著 陈筱婉 译	
82	《巴黎浪漫吗?——关于法国人的传闻与真相》[英]皮乌·玛丽·伊特韦尔 著 李阳 译